Lebensgenuss im Flow

Das Ultimative Trainings Buch

@ Sven Marbach

Bonus: Biographie „Der Mensch mit der höchsten Hierarchie"

Inhaltsverzeichnis

1. Warum solltest du mein Projekt lesen und was erfährst du?

Jeder Mensch möchte glücklich und erfolgreich sein, oder nicht?
In der Schule (Mittelstufe und Oberstufe) wird Faust gelesen, das Periodensystem wird auswendig gelernt, genauso wie der höchste Berg in Ghana. Oft lernen Schüler nur um gute Noten zu bekommen, aber nicht aus Interesse. (Wobei ich auch durchaus ein paar nützliche Dinge gelernt habe, wie das erstellen von Webseiten dank meines Jugend Forscht Projektes „Messungen von Spurengasen" in Zusammenarbeit mit dem Institut für Umweltphysik der Universität Bremen. Aber zu selten wird ein Bezug zum Alltag der Schüler hergestellt und den Schülern verdeutlicht wie sie konkret in ihrem Leben von dem Wissen und dem Erlernten profitieren können.) Auf viele entscheidende Fragen wie folgende wird in der Schule fast gar nicht eingegangen:

1.)Wie kann ich meine Lebensqualität steigern?
2.)Wie kann ich meine sozialen Kompetenzen steigern?

Wirklich auseinander gesetzt mit diesen Themen wird sich nur in der Psychologie. Wobei es im gesamten Zeitraum von 1887 - 1999 14 mal so viele Untersuchungen zu negativen Emotionen gab als zu positiven Emotionen wie Zufriedenheit, Glück und Freude. Konkret wurden in wissenschaftlichen Zeitschriften zu 95% Artikel zu negativen Emotionen veröffentlicht (208.800 Artikel) und gerade einmal 5% zu positiven Emotionen (9.600 Artikel) (Quelle: Myers u. Diener 1996; vgl. auch Martin 2005). Dem entsprechend lässt sich daraus zurück schließen, dass sich Psychologie Studenten und Professoren überwiegend mit negativen Emotionen und psychischen Erkrankungen beschäftigt haben. Erst als Seligman im Jahre 1999 (Seligman ist heute Leiter der Amerikanischen Psychologie Assoziation) "die positive Psychologie" begründete haben sich die Forschungen zu positiven Emotionen deutlich erhöht. Ein wichtiger Teil der positiven Psychologie ist die Flow Forschung die von Mihaly Csikszentmihalyi begründet wurde. Die aus der Positiven und Alltags Psychologie resultierenden Erkenntnisse erfreuen sich einem immer größerem Publikum! So sind bereits viele populär wissenschaftliche Bücher in dieser Richtung zu Bestsellern geworden! Ich habe von ihnen viele gelesen und finde sie sehr spannend!(Ich liebe an den Populärwissenschaftlichen Büchern, dass sie nicht nur Wissen vermitteln wollen sondern die guten Bücher zu mindestens auch unterhalten wollen. Anders als in der Uni behandle ich die Themen nicht nur theoretisch, sondern überprüfe die praktische Umsetzbarkeit. Damit meine ich, ich überlege mir wie ich in meinem Alltag von dem Wissen konkret profitierten kann. Ich lerne ja schließlich aus eigenem Interesse und nicht nur, weil ich in einem Test gut abschneiden will. Genau das macht ja auch guten Unterricht aus, dass die Lehrer sich überlegen wie die Schüler von dem Unterrichtsstoff im Alltag profitieren können.) Dabei habe ich mir innerhalb mehrerer Jahre ein großes und sehr nützliches Wissen an gelesen. Von diesem Wissen handelt mein Projekt!
Ich bin kein Wissenschaftler und ich schreibe auch nicht für die Wissenschaft. In erster Linie schreibe ich an dem Buch um das bedeutendste Wissen für mich festzuhalten. Das Wissen mit meinen eigenen Erfahrungen zu verknüpfen und meine schönsten Er innerungen wie in einem Tagebuch festzuhalten. Auch möchte ich meine Erfahrungen und mein Wissen mit anderen Menschen austauschen. (Dabei habe ich auch schon einen mir Seelen verwandten Mensch kennen gelernt. Dr. Michi B. ist ein mir sehr ge schätzter Freund geworden.) Während der Arbeit an meinen Projekt habe ich auch den Anspruch ein gut leserliches und klar strukturiertes gesamt Werk zu erstellen.

Ich möchte hier an dieser Stelle erst ein mal größten Dank an die Autoren meiner Lieb lingsbücher aussprechen! Ich habe mich auch tatsächlich schon bei den Bestseller Au toren Dr. Ulrich Strunz und Prof. Manfred Spitzer durch einen Brief für ihr nützliches Wissen bedankt! Sie haben mein Leben zum positiven verändert!

Ist es empfehlenswert bereits als jugendlicher Ratgeber wie die von Dr. Ulrich Strunz zu lesen?(Link zum original Beitrag aus dem Forever Young Club)

Hier meine Antwort:
"Ich habe auch als Jugendlicher im alter von 18 Jahren mein erstes Buch von Dr. Ul rich Strunz gelesen und es hat mich auch begeistert!

Ich danke Dr. Ulrich Strunz dafür, dass er mich für eine gesunde Lebensweise begeis tert hat! Ich kann auch nur bestätigen, dass regelmäßiges Laufen und die Teilnahme an drei Marathons mein Selbstbewusstsein gesteigert hat. Auch bin ich selber stolz da drüber, das ich es geschafft habe 15 Kg ab zunehmen! Meine Mutter und meine Großel tern haben es nie geschafft eine Diät durch zu ziehen, ich schon!
Leider gab es in meiner Familie für meine Ernährungsumstellung ständig Kritik. Meine Eltern und Großeltern haben Dr. Ulrich Strunz gerade zu verteufelt. Aber aus meiner Sicht ist da dran nichts schlechtes, wenn man sich als Arzt (Dr. Ulrich Strunz) oder als Psychiatrie Leiter (Prof. Manfred Spitzer) für die Gesundheit einsetzt!

In meinem Leben habe ich drei begeisterte Leser der "Forever Young" Serie von Dr. Ul rich Strunz kennen gelernt. Sie sind für mich der absolute Beweis für die positiven Auswirkungen der Bücher des Bestseller Autors Dr. Ulrich Strunz:
1. Den ersten Menschen lernte ich beim Skifahren ken nen. Dieser war herausragend und erfüllte alle Kriterien eines Vorbildes! Seine Mütze mit Hörnern drauf verkör perte gleich auf den ersten Eindruck einen Alpha Mann! Er fuhr ohne Studium einen A8 und war erfolgreicher Unternehmer! Seine beiden jugendlichen Kinder hinter ließen bei mir auch einen sehr positiven Eindruck.
2. Der zweite Mensch war ein Sportlehrer. Er war auch selbstbewusst und er wirkte mit seinen schätzungsweise Jahren extrem dynamisch!
3. Mein dritter Bekannter ist jetzt ein mir sehr geschätzter Freund geworden. Er hat auch als junger Erwachsener seinen ersten Ratgeber gelesen. Dieses Buch war allerdings von Jürgen Höller. Jürgen Höller war damals noch der populärste Fitness Guru. Auch mein Freund ist beruflich äußerst erfolgreich für sein junges alter. Er ist Richter auf Lebenszeit und er hat auch einen Dr. Titel. Er ist auch ein großer Fan von Dr. Ulrich Strunz und er hat alle seine Bücher gele sen. Er war auch schon mal in seiner Privatpraxis (siehe Bild). Zudem ist auch er sehr fit, selbstbewusst und fröhlich!
Dies sage ich dir nur, damit du dich nicht von deinen Eltern oder anderer Kritik ent mutigen lässt. Ich bin jetzt jedenfalls stolz im Gegensatz zu meiner Familie mein idea les Gewicht erreicht zu haben!"

Hier meine 10 wichtigsten Erkenntnisse in Kürze:
1. Konzentriertes Nachdenken ist in der heutigen Welt unverzichtbar:
Dazu gehört es für sich klare, eigene Ziele zu definieren und sie schriftlich fest zu halten. Dazu solltest du dir immer überlegen, was habe ich davon mein Ziele zu erreichen? Es ist schließlich dein eigenes Leben und auch du selber bist es der seine eige nen Ziele erreichen möchte! Seine Ziele dann zu

erreichen erhöht die Lebenszufriedenheit! Nichts wird dein Selbstbewusstsein mehr stärken als deine eigenen Ziele zu erreichen!

Auch gehört dazu sich mit ständig wieder aufkommenden Gedanken intensiv zu be schäftigen. Aber nicht in Form eines Tagesbuches, die alltäglichen Probleme wären zu banal. Oft beschäftigen uns emotionale Themen über mehrere Jahre. Es hilft zu die sem emotionalen Thema drei Tage hintereinander (für maximal 20 Minuten am Tag) seine Gefühle aufzuschreiben (als gesamt Analyse). Zum einen lernst du dabei das ex pressive Schreiben. Zum anderen merkt sich das Papier deine Gedanken und Gefühle zu diesem Thema. Nun hast du sie in geordneter Form vorliegen und du kannst sie zu jederzeit wieder nachlesen! Die wissenschaftlich belegten positiven Auswirkung dieser beiden Methoden (Ziele definieren & expressives Schreiben) sind so groß, dass sie wohl Viele für eine Übertreibung halten würden. (weniger Niedergeschlagenheit, bes sere Noten in der Schule und im Studium und ein deutlich höheres Einkommen ...) Aber es gibt wissenschaftliche Studien die diese belegen!

Ich gebe auch immer meine Quellen an, für alle die sich noch intensiver mit dem The ma beschäftigen wollen. Die positiven Auswirkungen zu kennen hat dann noch einen zusätzlichen Placeboeffekt.

2. Genuss und Spaß entsteht nur durch die volle Konzentration auf seine Tätig keit (Flow und Achtsamkeit):

Was ist das Geheimnis der erfolgreichen und glücklichen Menschen? Diese Frage stell ten sich Buddha und Mihaly Csikszentmihalyi.(Mihaly Csikszentmihalyi ist der Entde cker des Flow Prinzips. Sein Bestseller "Flow das Geheimnis des Glücks" hielten der englische Premierminister Tony Blair und der amerikanische Präsident Bill Clinton für das wichtigste gelesene Buch während ihrer Amtszeit.) Buddha und Mihaly Csikszent mihalyi kamen zu dem gleichen Ergebnis. Die Buddhisten nennen es Achtsamkeit und die Psychologen Flow! (Flow bedeutet soviel, wie mit voller Konzentration bei seiner aktuellen Tätigkeit zu sein (Tätigkeitsrausch.))

3. Diese Tätigkeit (bezieht sich auf 2.) muss dir Spaß machen, also wie ein Spiel sein. Oder die Tätigkeit muss einen für dich klar erkennbaren Sinn haben. Am besten ist natürlich beides:

Der Sinn in einer Tätigkeit kann erkannt werden, indem der Chef (die Autorität) ihn erläutert. Generell gilt: Was der Mensch selbst möchte, macht er gerne. Oft entsteht der Spaß an einer Tätigkeit auch, sobald man merkt etwas besonders gut zu können. Es ist also Ausdauer gefragt.

4.Lernen kann sehr sinnvoll sein und auch viel Spaß bereiten:

Neurowissenschaftler haben herausgefunden: Unser Lernzentrum im Gehirn ist gleich zeitig unser Belohnungszentrum.(Früher war dieser Gehirnareal (Nucleus Accumbens) als Suchtzentrum bekannt. Wobei seit über einem Jahrzehnt bekannt ist, dass dieses Gehirnareal zum erlernen von positiven Erfahrungen dient.) Es wird aktiviert, wenn wir Neues lernen. Dann werden Endorphine ausgeschüttet und es gibt ein gutes Ge fühl. Interessantes und Neues zu lernen kann also viel Spaß machen, allerdings nur solange das Wissen für dich nützlich ist!

5.Laufen, gesunde Ernährung und Entspannung sind der Schlüssel zur Gesund heit:

Durch Stress verursachte Depressionen haben zwei Merkmale: Erstens mangelt es am Botenstoff Serotonin im Gehirn. Zweitens ist das Gehirnareal (Hippocampus) für die Verarbeitung von Gefühlen und dem Lernen von Neuem beschädigt. Der Hippocam pus kann sich aber selbst reparieren während des Joggen und Meditierens! Es bilden sich neue Nervenzellen im Hippocampus. Diese neuen Nervenzellen erleichtern auch das Lernen deutlich! Zudem senkt sich durch Ausdauersport und meditieren der Hilf losigkeitsstress Kortisol, da man dabei entspannen kann. Am leichtesten und am effek tivsten ist es übrigens während des Ausdauersportes zu meditieren! Dabei werden die natürlichen Selbstheilungskräfte aktiviert.

Joggen und Meditieren schüttet auch den fröhlich machenden Botenstoff Serotonin aus. (Besonders durch das Laufen draußen in der Natur und bei Tageslicht.) Die Serotonin Bildung lässt sich mit der richtigen Ernährung noch um einiges erhöhen. Auch wirkt Omega 3 sehr gut gegen Depressionen und auch Schizophrenie haben Studien ergeben. Bereits 22% der britischen Ärzte verschreiben ein so genanntes Sportrezept. Der Psychiater Tölle fragt sich sogar, ob es noch vertretbar ist Medikamente zu verschreiben ohne vorher die natürlichen Selbstheilungskräfte ausprobiert zu haben?

6. Freunde (auch gerade alte Freunde) sind die größten Glücksbringer:

Irgendwie wussten wir es alle schon, nun hat es auch die Wissenschaft bestätigt! Men schen mit viel Empathie haben meistens viele Freunde und sie sind beliebt! Mitgefühl ermöglicht auch den friedlichen Umgang mit anderen Menschen. In jedem Menschen steckt die Fähigkeit Mitgefühl zu Empfinden. Diese Fähigkeit kann z.B. durch (Lach)Meditationen trainiert werden.

7. Religiosität fördert die Gemeinschaft und sorgt für Vertrauen (zumindest bei anderen religiösen Menschen):

Die Fähigkeit zur Religiosität wird durch die DNA vererbt fanden jüngst Wissenschaft ler heraus. (Wobei Sex nicht nur der Fortpflanzung dient. Es bindet auch die Lieben den und sorgt für Treue in der Partnerschaft. Angesichts der zunehmenden Überbevölkerung der Erde ist die Antibaby Pille auch ein echter Segen.) Es gibt tatsächlich ein ReligiositätsGen. Dieses Gen wird extra ReligiositätsGen genannt und nicht Gottes Gen, weil in vielen Ländern ein enger Bezug von der Religion zur Natur besteht (In dianer, Heiden ...). Die Menschen dieser Religionen hätten bestimmt nicht den Klimawandel verursacht!

Schätzungsweise haben mehr als 80% der Weltbevölkerung ein Religiositäts-Gen. Be reits Darwin verkündete, nur die Fittesten überlebten. Religiosität fördert die Gemein schaft ergaben wissenschaftliche Studien in den USA!

8.Bei schwer liegenden Problemen sollte man sich Unterstützung suchen und die Hilfe annehmen:

Sich Unterstützung zu suchen ist kein Zeichen von Schwäche, sondern von Stärke! Sich selbst ein zu gestehen, ich brauche Hilfe ist schwer. Meine Meinung dazu ist, besser frühzeitig Hilfe suchen als lange leiden! Bei negativer Stimmung fällt es oft schwer überhaupt einen positiven Gedanken zu fassen. Aber nach meiner Erfahrung kommen immer wieder schöne und Flow reiche Erlebnisse! In der Vergangenheit war es doch auch so.

Welche Therapie ist die richtige für mich? Hier ein kurzer Beitrag dazu aus dem Buch Hirnforschung für Neu(ro)gierige (S.354) von Dr. med. Eckart von Hirschhausen: "Günter Schiepek gibt zu, dass die verschiedenen Therapieformen gleich wirksam sind, auch wenn sie selten gleich wirken. Meistens erst später. Oder gar nicht. Beson ders beruhigend: Laien sind genauso gut wie Leute, die eine lange Ausbildung zum Psychotherapeuten auf sich geladen haben. Immerhin macht die Ausbildung einen nicht schlechter!"

Wichtig ist nur das Vertrauen zu dem Therapeutin, dem Freund/in oder Eltern be steht. Es kommt auf das Gefühl an Unterstützung zu haben und nicht ganz alleine zu sein. Unterstützung sollte aber immer dem Zweck dienen mehr vertrauen in sich sel ber zu gewinnen und dadurch das eigene Selbstbewusstsein, die Resilienz und Krisen festigkeit zu stärken.

9. Negative Vorurteile gegenüber sich selbst sind oft das größte Hindernis:

Oft entstehen negative Vorurteile gegenüber sich selbst durch häufige negative Kom mentare von Eltern, Lehrern und anderen Menschen. Selbstbewusste

Menschen setzen sich sachlich mit Kritik auseinander. Unsichere Menschen geraten bei Kritik schnell in Selbstzweifel. Dies zu erkennen ermöglicht es Kritik mit Abstand zu betrachten. Alle Menschen haben wie du Schwächen, aber auch Stärken! Dies ist vollkommen normal, niemand braucht perfekt zu sein! (Ganz im Gegenteil: Perfektionismus führt meistens langsam, aber sicher in ein Burnout hinein. Der Grund: Perfektionisten unterdrücken ihre Gefühle und Bedürfnisse zugunsten der Arbeit.)

Allerdings kann eine Schwäche auch zu einem echten Problem werden. Generell gilt: Um wieder erfolgreich zu werden muss aus einem Ich schaffe es nicht, weil... Ein ich schaffe, indem werden....

Ich habe meine Schwäche bereits erwähnt. "Unter fremden Mensch war ich oft sehr unsicher (dies wirkte manchmal schüchtern, manchmal arrogant oder einfach desin teressiert). Um mein Selbstbewusstsein zu steigern habe ich mir regelmäßig psycholo gische Suggestionen angehört. Ich konnte dadurch mein Selbstbewusstsein deutlich steigern. Inzwischen nehme ich an Gesprächen Teil. Ich sage was ich denke und ich habe eine deutlich höhere Fähigkeit zur Empathie entwickelt. Heute verlasse ich mich auf mein Gefühl im Umgang mit anderen Menschen. (Früher als Jugendlicher habe ich meine Gefühle nicht mal wahr genommen, da ich unter Depressionen und Zuviel Druck litt.) Heute hat sich meine Körpersprache verändert. Ich trete selbstbewusster auf, da ich auch noch deutlich fitter bin als früher und meistens auch ganz gut drauf bin. Irgendwie stimmt es schon, dass es einen Zusammenhang zwischen Attraktivität und Fitness gibt. (Dies gilt sowohl für Frauen als auch für Männer.) Auch bin ich heu te ein viel entspannter Mensch geworden und ich habe deutlich mehr Vertrauen in mich was den Umgang mit anderen Menschen betrifft.

10. Vertrauen entsteht durch wohlwollendes Handeln:

Diese zehn Erkenntnisse sind für mich selber am nützlichsten! Wie ich (auch andere) von diesem Wissen profitiert haben erfährst du in meinem Projekt! Bereits im Jahr 2007 habe ich Angefangen an meinem Projekt zu arbeiten. Seit dem bin mental deut lich stärker geworden. Viele wissenschaftliche Studien haben ergeben, desto mehr sich ein Mensch mit dem Thema Resilienz auskennt, desto mehr Resilienz hat er auch im Laufe seines Lebens entwickelt. Wachstum kann nur von innen kommen und durch ei gen Motivation.

Ich werde auf diese 10 Punkte nochmal ausführlich in meinem Projekt eingehen! Die Links kannst du alle direkt anklicken. (Früher hatte ich auch eine eigene Webseite, aber die ist seit Ende 2012 offline, da ich mich auf die Arbeit an meinem Buch kon zentrieren will. Es ist mir erst einmal wichtiger mein Buch fertig zu stellen bevor ich meine Webseite noch mal überarbeite.)

Den Begriff Flow werde ich im 3. Kapitel ausführlich erklären. Bei meinem Text han delt es sich um die Wahrheit und alle Erfahrungsberichte entstammen meiner Realität. Dies ist wohl auch der Grund, warum mein Buch Kritiker am härtesten trifft.

Nachdem du mein Projekt ganz gelesen hast hätte ich gerne ein Feedback von dir! Was hat dir gut gefallen? Was ist deiner Meinung noch Verbesserungswürdig?

Ich wünsche dir auf jeden Fall schon mal eine Flow reiche Zeit beim lesen meines Pro jektes.

Sven Marbach

2. Warum schreibe ich „Lebensgenuss im Flow"?

Meine Motivation: In der Schule arbeitete ich an mehreren spannenden Referaten. Es machte mir Spaß, die Vorträge zu halten. Auch arbeitete ich an einer Jugendforscht Arbeit zum Klimawandel in Zusammenarbeit mit der Universität Bremen mit dem Austauschschüler Balint Sülle aus Ungarn(siehe Bild). Dabei sammelte ich viel Erfahrung in Projekten. Auch lernte ich dabei weit und optimistischer in die Zukunft zu Blicken. Mein Wunsch war es jetzt, an einem zweiten großen Projekt zu arbeiten.

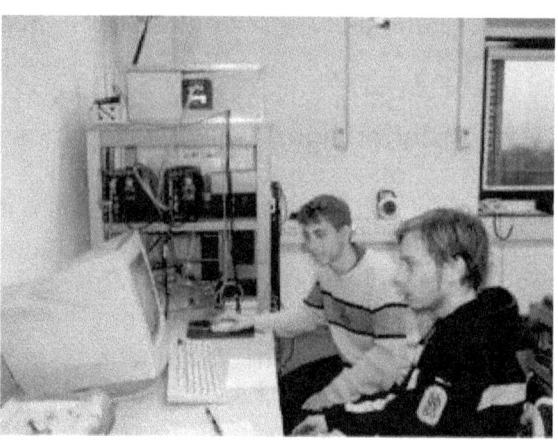

Dabei lasse ich meine ganze gesammelte Erfahrung einfließen.

Zu dem Thema Flow brachten mich Bücher von dem „Fitnesspapst" Dr. Ulrich Strunz. Ich las in seinem Bestseller „Forever Young", dass Meditation den Körper zu 100% regeneriere, genauso wie im Tiefschlaf.[1] Zudem sei es die optimale Methode zum Einschlafen. Ich hatte in meiner Jugend Einschlafprobleme. Ein paar Jahre versuchte ich täglich durch die Meditation in Trance zu kommen. Aber es gelang mir nur selten. Am besten erreichte ich übrigens den Zustand durch Musikmeditationen. Ich wollte mehr über Trance erfahren und immer durch das Meditieren in den kontrollierten Tiefschlaf fallen. Jetzt kann ich mich immerhin gut beim Meditieren entspannen. Auch hilft heute die meditative Lebenseinstellung mir genauso abends los zu lassen.

In Trance komme ich auch bei anderen Aktivitäten. Es gelingt mir beim Musizieren mit Freunden (oder in Begleitung einer CD) in Trance (= Flow zu erleben) zu kommen. Aber auch beim schnellen Laufen, Jonglieren und Sex. Wer den Zustand der Selbstvergessenheit einmal erfahren hat, möchte ihn immer wieder genießen. Das ist genauso wie beim Orgasmus. Dabei geht es mir sehr gut. Ich berichte meine Erfahrungen durch Auszüge aus meinem „Flow und Emotions Tagebuch". Sie *sind in kursiver Schrift zu finden*. Ich verliebte mich in diesen Zustand. Ich las, dass der Zustand in der Wissenschaft (Psychologie) als Flow bezeichnet wird. Ich wollte mehr darüber erfahren. Daher wählte ich „Lebensgenuss im Flow" als Thema für mein Projekt. In fast jedem Ratgeber steht man solle achtsam im Hier und Jetzt leben. Dadurch erlebt man nämlich Flow.

Mein Ziel: ist es durch mein Projekt viel Flow zu erleben um mein Leben mehr zu genießen. Ich möchte das alle andere Menschen akzeptieren, dass ich ganz im Hier und Jetzt lebe!

Viele Psychologen halten Therapien für den einzigen Weg zu einem schönen Leben. Psychiater meinen hingegen ihre Medikamente wären das wichtigste für psychisch erkrankte Menschen. Ich persönlich bin von den natürlichen Selbstheilungskräften des Menschen überzeugt! Sie werden in Trance aktiviert. Die Nutzung der Selbstheilungskräfte wird langsam auch in der Psychologie populär. Gerade die Body Mind Medizin arbeitet mit ihr.[10] Aber auch immer mehr Psychiater verschreiben ihren Patienten ein so genanntes Sportrezept, weil bei Ausdauer Sport sich auch der meditative Zustand Trance erreichen lässt.[21] Natürlich ist der Ausdauerport auch sehr wichtig um die Leistung deines Herzens im Alter zu erhalten. Trance ist ein starkes Flow Erlebnis. In meinem Projekt

„Lebensgenuss im Flow" möchte ich meine eigene Überzeugung zu einem schöneren Leben darstellen. Der Leser erfährt dabei viel über meine Interessen. Ich berichte meine Erfahrungen mit Hilfe von Tagebuch Einträgen. Gerne unterhalte ich mich über die Themen meines Projektes auch mit dir. Viele Menschen haben eine gewisse Arroganz und haben keinen Respekt vor den eigen entwickelten Strategien zur Stress Bewältigung. Es heißt dann vom Psychiater nur schlucken Sie noch diese Pille und machen sie noch jene Therapie.

Zuerst wollte ich mit meinem Projekt bei Jugendforscht teilnehmen. Ich sendete meine Arbeit bereits an das Jugendforscht Team im Jahre 2007. Leider war ich am Präsentationstag krank. Aus dem Grund bekam ich kein Feedback. Dafür konnte ich mit vielen Freunden und Verwandten über das Thema sprechen, nachdem sie die Arbeit durchlasen. Mein Bekannter Matthias aus der Jonglier - Gruppe der TU Braunschweig (Ein hochbegabter Psychologie Student und inzwischen Dr. der Psychologie, der sogar mit 7 Bällen jonglieren kann.) gab mir Tipps, wie ich wissenschaftlicher Arbeiten kann. Er lobte zuerst meine Tagebuch Einträge. Ich sollte noch mehr davon in meine Arbeit hinein packen. Jetzt habe ich mein Projekt persönlicher geschrieben. Aber Matthias sagte auch, die Gliederung sei unübersichtlich. Inzwischen überlegte ich mir eine neue Gliederung. Ich fing noch mal von vorne an. Dabei orientiere ich mich an der neuen Gliederung. Viele Textauszüge konnte ich aus meiner vorherigen Arbeit fast übernehmen. Ich musste sie nur an den Verlauf anpassen. Diesmal schreibe ich, damit mich meine Mitmenschen besser verstehen.

Auf meinen Baby Photos sehe ich noch glücklich aus (siehe Bild). Aber im Alter von 2,5 Jahren hatte ich großes Pech, denn ich lebte für drei Monate getrennt von meiner Mutter. Eine so lange Trennung zu meiner damals wichtigsten Bezugsperson habe ich als starken Stress erlebt. Leider wechselte in diesen 3 Monaten ständig meine Bezugsperson. Ich lebte sogar 2 Wochen bei meiner Kindergärtnerin aus der Uni Kita in Bremen. Aufgrund dieses Vorfalls ist der Hilflosigkeitsstress bei mir chronisch hoch.[44] Schon damals bekam ich Augenränder.
Aufgrund einer Krise in meiner Jugend ließ ich mich in der Psychiatrie behandeln. Ich bekam manchmal die Diagnose Psychose und manchmal schizotyp Störung. Die Diagnose besagt, dass ich im sozialen Verhalten zum Teil Unsicherheiten habe. Ich bin ein introvertierter Typ, der auch mal

gerne (eine schöne) Zeit alleine verbringt. Aber leider leide ich in schlechten Phasen an Einsamkeit. Zum Glück unterstützt mich auch meine Familie. Ich habe auch Merkmale eine Psychose: Bei unfreundlichen Verhalten fühle ich mich schnell angegriffen und denke andere Menschen sind gegen mich eingestellt oder wollen mir schlechtes. In solchen Situationen bleibe ich meistens cool. Aber anschließend beschäftigen mich solche Situationen noch häufig und ich denke über die Situation nach.
Gegen meine Symptome bekomme ich moderne Medikamente. Ich bekomme das neuste Neuroleptikum Seroquel Pro Long. Es schützt vor Reizüberflutung und entspannt. Die neuste Generation der Neuroleptika hat nur noch wenige Nebenwirkungen. Ich kann mich weiterhin gut konzentrieren. Zudem

bekomme ich noch das alte Seroquel. Es hat den gleichen Wirkstoff wie das Seroquel Pro Long nur das es keine Retardwirkung hat. Der Vorteil ist, dass der Wirkstoff auf einmal abgegeben wird wodurch er sehr entspannend wirkt. Durch die zusätzliche Einnahme von dem alten Seroquel kann ich abends auch schlafen obwohl ich in sehr stressigen Situationen bin. Schlaftabletten sind für mich übrigens überhaupt keine Alternative da sie bei mir nicht wirken. Zu Anfang während meines ersten Klinik Aufenthaltes störte mich der Verlust meiner Fantasie durch die Neuroleptika. Aus dem Grund setzte ich die Medikamente oft eigenständig ab. Ich machte immer den Fehler alle Medikamente auf einmal weg zu lassen. Dann konnte ich nicht mehr schlafen und ich hatte immer einen Rückfall. Aber es ist möglich die Medikamentendosis langsam auf eigener Verantwortung zu reduzieren. So war es möglich weniger Neuroleptika einzunehmen aber trotzdem noch gut schlafen zu können. Meine Motivation die Neuroleptika zu nehmen liegt nur darin, dass sie mir helfen besser einzuschlafen. Leider haben sie aber dafür die Nebenwirkung das ich oft zu lange schlafe. Und ich bekomme dann die Schuld die durch die Nebenwirkung entsteht und man sagt mir ich wäre zu faul. Auch wenn es vielleicht unglaubwürdig klingt, aber Stimmen höre ich erst seit dem ich mehr Neuroleptika nehmen wollte während einer sehr stressigen Situation um besser schlafen zu können. Zu dieser Zeit hatte ich viele Ängste, dass war wohl der Grund für die Stimme zuerst meines Vaters und später meines Onkels die meine Gedanken bewerteten. Allerdings wusste ich das es sich dabei nur um Stimmen handelt und ich sie einfach ignoriere. Zum Glück sind diese Ängste wieder nach kurzer Zeit weg gegangen, da Sie schon sehr belastend waren. Es war vielleicht ein Monat an den ich mich nur sehr ungern zurück erinnere. Jetzt fühle ich mich wieder sicher in dieser Welt und ich habe Vertrauen in mich und eine höhere Macht die wie ein Schutz für mich ist. Wobei in den Zeiten als ich eine mittlere bis niedrige Dosis hatte ging es mir eigentlich immer am besten ging. Psychopharmaka und gerade Neuroleptika haben schon Nebenwirkungen. Leider werden sehr hohe Dosen an Neuroleptika 30% der Menschen im Altersheim verschrieben um sie ruhig zu stellen und leider auch immer mehr Jugendlichen mit Verhaltensauffälligkeiten oder Oppositionellen Verhalten. Ich hoffe das meine Medikamentendosis auch bald wieder reduziert werden kann zumal die Medikamentendosis zuletzt auf meinen eigen Wunsch hin erhöht wurde.

Psychopharmaka haben schon viele Nebenwirkungen, deshalb sind die Beipackzettel auch immer so lang. Wobei Alkohol und Zigaretten ähnlich viele Nebenwirkungen und schädlichen Einfluss auf das menschliche Gehirn haben. Auch in Lebensmitteln werden immer mehr sucht fördernde Substanzen wie Gluten und Geschmacksverstärker zugesetzt. Viele Menschen fügen sich jeden Tag Gift in Form von Zigaretten, Alkohol und industriell verarbeiten Lebensmitteln zu. Dann wundern sie sich das Ihre Gesundheit nachlässt und lassen dann vom Arzt auch noch mal zusätzliche Chemie verschreiben. Dies ist ein Teufelskreis. „Big Parma" verdient dabei auch ordentlich mit. Viele Medikamente führen zum Teil zu starker Gewichtszunahme und Libido Verlust. Auf die Dauer macht das dann doch eher träge und die Frage ist wie das ganze weiter gehen soll?

Auszug aus einem Forum zum Thema „Zum heutigen Thema Machtlose Pharma" und die News dazu "Machtlose Pharmaindustrie"
Ihr müsst mal bei Youtube "Gehirn unter Drogen 3 Alkohol und Tabak" eingeben. Alkohol und Tabak sind auch nicht ungefährlicher als chemische Medikamente. Aus dem Grund muss man immer zuerst Alkohol und Tabak ganz weg lassen bevor man die chemischen Medikamenten reduzieren kann. Ich hatte letztes Jahr im Dezember 2012 aufgehört zu rauchen. Nach ca. 3

Monaten habe ich mich dann wieder als Nichtraucher gesehen. Ich Juni 2013 habe ich aufgehört Alkohol zu trinken. In den ersten zwei Monaten habe ich noch drei mal Alkohol getrunken. Aber dann ein Monat ganz vor dem Marathon habe ich bis jetzt ganz die Finger vom Alkohol gelassen. Aufzuhören Alkohol zu trinken ist so ähnlich wie mit dem Rauchen aufzuhören. Erst denkt man heute Abend wäre ein Bier noch ganz schön zum Fußballspiel im Fernsehen und dann fühlt man sich immer dran erinnert, wenn andere Menschen Alkohol trinken sieht. Dies ist ein ähnliches Suchtprinzip wie es bei dem Entzug von dem Tabak und Zigaretten Konsum der Fall ist. Ähnlich wie bei dem Zigaretten Verzicht ist es für mich ein gutes Gefühl nicht abhängig von legalen Drogen zu sein für die Entspannung für die Stimmung oder das Selbstbewusstsein. (Den letztendlich sind diese Drogen ja schon schädlich und der Konsum von legalen Drogen bringt ein schlechtes Gewissen mit sich.) Alkohol ist auch mindestens genauso schädlich wie der Tabak Konsum. Seit dem ich nun seit über drei Monate gar kein Alkohol mehr getrunken habe hat sich auch schon einiges bei mir geändert. Seit dem Trinke ich immer mehr Grünen Tee.

(Alkoholfreies Bier verbessert die Muskelregeneration!) Der Marathon als dein größtes Ziel erleichtert es dir bodenstänig zu bleiben und leichter mit Streß und Leistungsdruck umzugehen. So kannst du ganz nebenbei noch Ziele erreichen von denen du bis jetzt nur geträumt hasst!)

Zudem nehme ich noch 100mg 5 HTP mit Stufenweiser Wirkung von der Firma Biovea. Stufenweise Wirksam heißt, es hat eine Retardwirkung und der Wirkstoff wird über 12 Stunden abgegeben. Das Produkt ist nicht Rezept pflichtig, aber es wirkt laut Studien trotzdem besser als chemische Antidepressiva. Das Produkt ist auch bei Amazon (Link) oder direkt bei Biovea zu einem fairen Preis erhältlich. Es wird aus dem Samen der of*griffonia simplicifolia gewonnen,* ein West Afrikanischer Busch. Das 5 HTP ist die direkte Vorstufe von Serotonin und es wird normaler Weise aus der Aminosäure Tryptophan gewonnen. Aber unter chronischem Stress und dauerhaft erhöhtem Hilflosigskeitsstress Cortisol kann das menschliche Gehirn nicht mehr Tryptophan in 5 HTP umwandeln, wodurch dann Depressionen entstehen. Das 5 HTP hat eine starke anti depressive Wirkung wodurch meine Ängste sich deutlich reduziert haben und ich deutlich entspannter und auch glücklicher geworden bin.

Menschen mit einer schizotypischen Störung sind oft sehr krea tiv und intelligent. Viele Menschen mit meiner psychischen Er krankung verdienen ihr Geld als Maler und Schriftsteller. Be kannte Menschen mit einer schizotypischen Störung sind Van Goch, Albert Einstein und Isaac Newton. Mein Projekt handelt aber nicht über Kreativität, sondern über „Lebensgenuss im

Flow" Ich möchte das du meine psychische Erkrankung in Kenntnis nimmst um mich bei dir zu entschuldigen: Meistens nehme ich wenig an Gruppengesprächen Teil, dies liegt aber an meiner sozialen Phobie und nicht an den anderen Menschen!

(Soziale Phobie entsteht oft durch zu viel Leistungsdruck, denn Menschen mit einer sozialen Phobie bekommen von der Familie (meistens) nur Anerkennung bei guter Leistung.Während meiner Jugend war es mir leider wichtiger gute Leistungen in der Schule und in der Fußballmannschaft zu erbringen als mit meinen Mitschülern oder meinen Mitspielern befreundet zu sein.)
„In anderen Fällen deutet das Klassifikationssystem (DSMIV) angeborene Verhaltens weisen in krankhafte Zustände um. Ein Beispiel dafür ist die Schüchternheit. „Soziale Phobie", heißt sie im DSMIV, eine „ausgeprägte und anhaltende Angst vor sozialen oder Leistungssituationen, in denen Peinlichkeiten auftreten können.
Schüchternheit kann krankmachende Züge annehmen, niemand beschreitet das. All derings wird eine soziale Phobie am häufigsten deshalb diagnostiziert, weil der betref fende Mensch öffentliches Sprechen fürchtet – doch genau dieses Unbehagen ist Evo lutionsmedizinern zufolge im Gehirn verdrahtet.
Einst barg öffentliches Sprechen große Gefahren. Wer beim Palaver am Lagerfeuer den falschen Ton anschlug und andere beleidigte, der musste um sein Leben fürchten. „Deshalb scheint ein Grad von Besorgnis über solche Situationen eine Teil von uns zu sein", sagt Wakefield „und für viele Menschen ist er nicht leicht zu überwinden oder zu ,löschen'." Sogar erfahrene Moderatoren und Theaterschauspieler können dieses evolutionäre Erbe nicht besiegen. Sie sind aber nicht seelisch krank – sie haben Lam penfieber." (Zitat aus dem Spiegel Artikel Die PsychoFalle, „Therapeuten Streiten über die Grenze zwischen Gesundheit und seelischer Erkrankung vom 21.1.2013)
Für mich wirkt so etwas wie ein Glaubenskrieg. Auf der einen Seite das Klassifikati onssystem DSMV die Bibel der Psychiater. Der Psychiater sagt dir, wenn dir die rote Pille nicht reicht, probiere noch mal die blaue aus. Und auf der anderen Seite die Epigenitik die dir das sagt mit einem fitten Körper wirke ich gleich viel attraktiver. Ha ben sie schon mal ein Reh in der Wildnis gesehen, das anfängt Pillen zu schlucken? Das können Sie auch. Ich meine sich in der Natur bewegen. Essen sie keinen Indus triemüll wie Fertigprodukte, Zucker oder Glutenhaltiges Getreide. Essen sie lieber Le bensmittel aus biologischen Anbau oder Tiere aus biologischer Zucht. Und gönnen Sie sich ab und zu mal etwas Sonne.

Inzwischen stabilisierte ich mich immer mehr. Besonders das Joggen und Emotionsbuch schreiben gibt mir Halt. Ich habe mir mit vielen mentalen Techniken

Oasen der Entspannung in meinem Alltag geschaffen. Mit ihnen gelingt es mir auch nach Stresssituationen zu entspannen und anschließend mit Energie meine Aufgaben anzupacken. Während regelmäßigen Gesprächen mit einem Sozialpädagogen kann ich mich austauschen und ich bekomme auch soziale Bestätigung. Durch regelmäßiges Anhören von psychologischen Suggestionen zur Stärkung des Selbstbewusstseins konnte ich meine sozialen Kompetenzen steigern. Inzwischen nehme ich an Gruppengesprächen teil, wenn auch mit etwas Zurückhaltung. Auch habe ich Freunde in meiner Fußballmannschaft, beim Jonglieren und in der STEB gefunden. (Von der STEB wurde ich betreut.) Die Arbeit an meinem Projekt „Lebensgenuss im Flow" hat mich wieder auf einen guten Weg gebracht. Selbst bei schlechter Laune kann ich mich an die schönen Dinge in meinem Projekt „Lebensgenuss im Flow" erinnern und sie ja auch wieder jeder Zeit nachlesen.

Im nächstens Schuljahr nähme ich einen hoffentlich erfolgreichen letzten Anlauf um mein Abitur am Abendgymnasium in Braunschweig zu bekommen. Anschließend möchte ich Gesundheitswissenschaften in Bremen studieren.

Der Entdecker des FlowPrinzips Mihaly Csikszentmihalyi beschäftigte sich am intensivsten mit dem Thema Flow. Er meint inzwischen in all den Aktivitäten seines ganz persönlichen Alltags Flow zu erleben. Er hatte selbst eine gute Idee zur Heilung von Psychose Patienten.[3] Er empfahl einem Fan (einer Frau)

Tagebuch über das Flow empfinden zu führen. Durch das Aufschreiben der Stärke des Flows wird festgestellt, was einem gut tut! In seinem neusten Buch ergänzte er, der Psychosepatient solle zusätzlich eine eigene Arbeit zum Thema Flow schreiben und natürlich die Neuroleptika einnehmen. Durch das Projekt zum Thema Flow ändere sich bei dem Psychosepatienten etwas zum Positiven. Dadurch kann es Menschen mit einer Psychose möglich sein eine Identität zu bekommen. Er darf endlich an einem eigenen Projekt arbeiten. Den Ruf als Mr. Flow den er sich dabei aufbaut ist neutral, denn er bedeutet lediglich sich konzentrieren zu können.[7] Wer Flow erlebt, lebt ganz im Hier und Jetzt. Durch die Arbeit zu diesem Thema entsteht der Wunsch mehr Flow zu erleben. Flow wird gerade im Job erlebt. Ich versuche mich immer auf die Arbeit zu konzentrieren und mich nicht ablenken zu lassen. Im Flow kann ich am produktivsten arbeiten. Zum Nachdenken habe ich noch in Pausen Zeit. Ich nähme mir während des Emotionsbuch Schreibens auch manchmal Zeit um bewusst über mich nach zu denken. In den Denkpausen habe ich auch häufig gute Ideen (z.B. für mein Projekt). Gute Einfälle kommen mir gerade nach Unterhaltungen und dem erneuten durchlesen meines Textes oder anderen Quellen zum Thema. Oft habe ich auch eine gute Idee, wenn ich unterwegs bin. Ideen bekomme ich bei Beschäftigungen, die nicht die volle Aufmerksamkeit erfordern. *Heute bekam ich eine gute Idee während ich Musik über Kopfhörer hörte. Ich befand mich dabei gerade im Bus. Ich sprach meine Idee dann auf mein Diktiergerät im Handy. Es merkt sich sogar gleich die gute Formulierung. Zuhause nehme ich mir dann die Zeit die Idee in mein Projekt einzufügen. Ich finde es klasse meine Ideen ernst zu nehmen und verwirklichen zu können.*

Bill Clinton und Tony Blair setzten sich auch mit dem Thema Flow auseinander. Sie beide hielten Mihaly Csikszentmihalyis Bestseller „Flow Das Geheimnis des Glück" für das wichtigste gelesene Buch während ihrer Amtszeit.[16] Während der Arbeit geht es mehr um den Spaß als um das Ergebnis. Natürlich motivieren positive Kommentare, aber negative Kommentare führen zu Verbesserungen. Der Psychosepatient hat ein Projekt für das es sich zu Leben lohnt...

Klein Schöppenstedt, den 5. Juli 2008: Ich arbeitete an Lebensgenuss im Flow weiter. Ich hatte mir eine neue Gliederung überlegt. Gerade beantwortete ich die Frage: „Warum schreibe ich Lebensgenuss im Flow?" Ich versuchte ausführlich meine Meinung darzustellen. Meiner Meinung nach gelingt es mir gut meine Erfahrung auszudrücken.
Beim Laufen konnte ich mich gedanklich noch etwas mit Lebensgenuss im Flow beschäftigen. Auch gelang es mir immer wieder abzuschalten. Gerade schloss ich die erste Fragestellung ab. Es gibt ein gutes Gefühl etwas geschafft zu haben. Beim späteren erneuten durchlesen fielen mir noch Verbesserungen ein. Während des Jonglieren bekam ich noch eine gute Idee.

Liebe Leser, liebe Leserin

ich hoffe das sie sich von meiner psychischen Erkrankung abgrenzen können. Mir tut es weh, wenn andere Menschen über meine psychische Erkrankung nachdenken und dabei Gemeinsamkeiten finden wollen. Seien Sie froh, dass Sie keine Diagnose aus dem DSMIV haben. Ich habe die Absicht Sie liebe Leser durch mein Buch nur positive zu beeinflussen. Mit tut es weh, wenn durch mein Buch irgend ein Schaden entsteht. Ich kann und möchte keine Vorbildrolle übernehmen. Aber ich habe aus

meinen Fehlern im Leben gelernt und ich habe z.T. auch sehr positive Erfahrungen gemacht und möchte diese auch weiter geben. Da es mir lange Zeit schlecht ging, habe ich mich auch lange und intensive damit beschäftigt was Menschen glücklich und mental stark machen kann. Für am wichtigsten halte ich es für sich Methoden zu finden durch die du aktive Entspannen kannst um psychisches Leid zu reduzieren. Mindestens eine Entspannungstechnik muss jeder Mensch kennen und beherrschen ist dabei meine These! (Ansonsten rutscht man schnell in eine Medikamenten Abhängigkeit oder Alkohol sucht.) Während der Arbeit an meinem Projekt habe ich festgestellt, besonders gut tut es mir viel zu lachen und mich jeden Tag möglichste lange draußen in der Natur aufzuhalten. Aber ich berichte auch von anderen nützlichen Dingen wie generelle Achtsamkeit, gesunde Ernährung und dem expressiven Schreiben, Glückstagebuch führen und sich die wichtigsten Gedanken aufschreiben um sie jederzeit an die Gedanken erinnern zu können. Im Vordergrund steht aber, dass man öfter den Zustand Flow erlebt und sich nicht ständig über alles Gedanken machen muss.

Die Gesundheitskosten in Deutschland steigen stetig an. Bereits jeder 7 Arbeitsplatz ist im Gesundheitssystem integriert und 12,1 Prozent des Brutsozialproduktes werden mit der Behandlung von allgemeinen Krankheiten verdient. Wer im Gesundheitssystem arbeitet profitiert von deiner Abhängigkeit, du selber eher weniger. Menschen müssen wieder mehr Eigenverantwortung für ihre Gesundheit übernehmen und vor allem müssen die Patienten wissen wie sie selber aktive etwas für ihre Gesundheit tun können! Was ist, wenn ich ihnen sage, dass durch chronisch hohen Hilflosigkeitsstress nicht nur psychische Erkrankungen entstehen, sondern auch Krebs? Vielleicht kann diese Lektüre dir helfen Hilfe zur Selbsthilfe zu finden oderdich einfach nur bestätigen auf deinem individuellen Lebensweg. Ich hoffe ich kann dich motivieren wirklich nützliche Dinge für dein Leben zu lernen oder du merkst wie wichtig Dinge die du bereits gelernt hast für deinen Alltag sein können. Was ich dir auf jeden Fall mit auf den Weg geben möchte ist, glücklich kannst du nur sein indem du alle deine 5 Sinne schärfst und ganz in der Realität lebst. Leider trifft heute auf immer mehr Menschen das Krankheitsbild Digitale Demenz zu. Diese Menschen leben geistig in einer virtuellen Computerspiele und Fernsehen Welt. Du kannst deinen Traum selber leben oder dir nur den Traum anderer Menschen im Fernsehn ansehen. In der DDR hatten Kinder noch einen Ball zum spielen in der Hand. Während heutzutage immer mehr Kinder einen Gameboy oder Smartphone zum spielen haben. (Achtung erhöhter Bildschirmmedienkonsum kann zu einer echten Gefahr werden!)

3. Was ist Flow?

Der Begriff Flow kommt aus der Psychologie. Er hat die gleiche Bedeutung wie Spaß haben, denn umso mehr Flow du erlebst, desto mehr Spaß hast du gerade. Während des Flows ist der Mensch auf das Hier und Jetzt konzentriert. Alle Gedanken über sich selbst sind verstummt. Es gibt lediglich noch einige Gedanken zu dem Thema mit dem man sich gerade beschäftigt. Bei einem starken FlowErlebnis (Trance) sind selbst diese Gedanken verstummt. Selbstvergessen ist man voll im Tätigkeitsrausch. **Solange man gerade in keiner Depression steckt, hat der Mensch täglich Flow Erlebnisse. Im Flow zu sein heißt ja auch nur, dass man gerade sich auf eine Tätigkeit konzentriert. Dies kann eigentlich auch so gut wie jeder Mensch, da er es bei der Arbeit machen muss und bei jeder Freizeitaktivität.** (In Kapitel 5 setzte ich mich auch mit der Fragestellung: „Wann ist es schwer Flow zu erleben?" auseinander. In meinem Projekt berichte ich in Kapitel 4 von Methoden mit denen du deine Konzentration steigern kannst um wieder mehr Flow zu erleben. Ich selber wende diese Methoden natürlich auch an. Ich berichte auch von meinen Erfahrungen und ich zitiere positive Erfahrungen anderer Menschen mit diesen Methoden.) Den Begriff Flow prägte sein Entdecker Mihaly Csikszentmihalyi. Der Psychologe war auf der Suche nach dem Glück. Er stellte fest, dem Menschen geht es gut, wenn er sich auf etwas (Schönes) konzentrieren kann. Ansonsten fängt man schnell an über sich nachzudenken. Konzentriertes nachdenken ist auch sehr sinnvoll. Aber beim Grübeln bekommt man negative Gedanken die man bei guter Laune so nicht hätte. Mihaly Csikszentmihalyis Lieblingsbeschäftigung war das Klettern. Beim Klettern ist eine hohe Konzentration erforderlich, weil schon ein kleiner Fehler zu einem Absturz führt. Inzwischen erlebt Mihaly Csikszentmihal Flow in all den Aktivitäten seines persönlichen Alltags.[3] Dass Schöne am Flow ist, dass man es bei jeder Aktivität erleben kann. Wichtig ist es nur, dass die Tätigkeit für dich sinnvoll ist. Die zweite Vorraussetzung ist der spielende Umgang mit der Tätigkeit. Deine Lieblingsbeschäftigungen erlebst du normalerweise im Flow. Dabei hat man eine schöne Zeit. Das Zeitempfinden verändert sich auch. Die Zeit geht wie im Rausch vorbei.

Neurologisch betrachtet lässt im Flow die Aktivität des Frontalhirns nach.[24] Das Frontalhirn ist aktiv, wenn wir über uns nachdenken. Aber im Flow sind wir auf etwas konzentriert. In diesem Zustand lässt das Denken über uns selber nach. Wir vergessen unsere Ängste und Sorgen. Es sind nur noch die Gehirnregionen für die Verarbeitung unseres Handelns aktiv, denn das konzentrierte Handeln beansprucht das ganze Arbeitsgedächtnis.

Das Wort Flow kommt aus dem Englischen. Es bedeutet wörtlich übersetzt Fliesen. Es meint, dass die Welt ständig in Bewegung ist. Im Laufe der Zeit verändert sich alles. Ohne Veränderungen fehlte die Abwechslung. Es stellte sich eine langweilige Routine ein. Junge Menschen probieren gerne Neues aus. Aber gerade für ältere Menschen ist es wichtig mal Abwechslung zu suchen. Dabei kann neues gelernt werden. Durch den Lernprozess wird das Gedächtnis trainiert. Es schützt vor Altersdemenz. Am stärksten schützt übrigens Ausdauer Sport, Kaffee und Kokosöl.[21]

Die Gehirnforschung hat herausgefunden, unser Lernzentrum im Gehirn ist gleichzeitig unser Belohnungssystem ist. Es wird aktiviert, wenn wir etwas Neues lernen. Dann bildet sich der Botenstoff Dopamin im Gehirn Areal tegmentalis ventralis. **Ein Teil des Dopamins gelangt in das Stirnhirn. Dort macht es wach und erhöht die Aufmerksamkeit. Es erhöht somit die Bereitschaft Flow zu erleben.** Auch entfaltet das Dopamin seine Wirkung im Nucleus Accumbens (das Belohnungssystem). Dort werden dann Endorphine und andere Opium ähnliche Substanzen ausgeschüttet. Es gibt ein gutes Gefühl. Interessantes und Neues lernen macht also viel Spaß.

Buddha fand auch das Glück im Flow. Einfach aufhören zu denken ist der Gedanke der hinter Meditationen und dem Buddhismus steckt. Während der Meditation ist der Mensch höchst konzentriert (auf sein Mantra oder sein Atem).

Der innere Dialog verstummt. Die Meditation trainiert auch in anderen Lebenssituation achtsam zu sein und sich nicht in Gedanken zu verlieren. Das finde ich einen sehr guten Ansatz. Zen Buddhisten sehen sich im ewigen Kreislauf der Natur. Den „Himmel" empfinden sie auf Erden. Wissenschaftlich betrachtet kann ich dem beiden nur zustimmen.(Wobei seit der letzten Beerdigung bin ich mir da nicht mehr so sicher. Vielleicht gibt es doch einen Himmel und einen Gott. Ich glaube nach dem Tod wird man zu einem Stern am Himmel der dann neu entsteht (tatsächlich sind nicht nur durch den Urknall Sterne entstanden, sondern es entstehen auch in der Gegenwart neue Sterne in anderen Galaxien) oder man bleibt als Geist (zunächst) auf der Erde zurück. Manche Wissenschaftler glauben heutzutage die Evolution wäre Zufall und die höhere Macht bloß Einbildung. Aber wissenschaftlicher dachten schon häufig sie hätten alles erforscht und haben dann doch wieder bahnbrechende Erkenntnisse gewonnen und gemerkt die Welt ist doch viel komplexer. (Das die Welt komplexer als die Bibel ist dürfte inzwischen jedem Menschen klar sein, der spätestens zuletzt in den 80igern bis 90igern Jahren zu Schule gegangen ist. Vor Zwei Tausend Jahren als die Bibel geschrieben wurde dachten die Menschen noch die Erde ist eine Scheibe und wussten nicht einmal das die Erde eine Kugel ist. Aber auch schon die Menschen damals hatten sehr viele Menschenkenntnisse und es steckt eine Menge Psychologie in der Bibel.) Aber ich weiß ganz genau (und inzwischen ist es auch unter Wissenschaftlern bekannt geworden) das es andere Dimensionen und so etwas wie eine höhere Macht gibt mit der alle Menschen verbunden sind von der Gegenwart bis in die Vergangenheit und ich glaube auch das es ein Schicksal gibt. Diese höhere Dimension (frühe als Liebe Gottes bekannt) ist „the magic in your eye"! Ich bin der Überzeugung Gott (die höhere Macht) liebt die Menschen so, weil es die Aufgabe der Menschen selber ist die ganze Welt (ihre eigene) inklusive der höheren Macht zu erschaffen. Gehirnforscher und viele bedeutende Wissenschaftler sind sich einig es gibt im ganzen Universum nichts komplexeres als das menschliche Gehirn. Die Gehirnforschung hat in den letzten 20 Jahren Grundlegende Erkenntnisse gewonnen die nicht nur das lernen erleichtern sollen, sondern auch viele Erkenntnisse praktische Anwendbarkeit in der Alltags Psychologie finden. Das dies von sehr großen nutzen ist, ist inzwischen nicht nur Wissenschaftlern bekannt, sondern auch Politikern. Erst im Jahre 2013 hat der amerikanische Präsident Barack Obama die BrainIntitive ins Leben berufen. Das Projekt hat die Größenrodung des Apollo Programms oder der Entschlüsselung des Genmons (DNA). Aus dem Grund wird die Gehirnforschung auch weltweit mit unvorstellbaren finanziellen Mitteln (alleine die BrianIntitative mit 3,3 Milliarden Euro)und sehr großen Aufwand gefördert. Dabei fließt auch Geld in die Erforschung der künstlichen Intelligenz. Die Europäische Union startete dazu 2013 das „Human Brain Projekt" (HBP)). Das Projekt hat sich nicht nur als Aufgabe gemacht das Gehirn zu entschlüsseln, sondern es vor allem auch auf dem Computer zu simulieren um haben sich das Jahr 2023 als konkretes Ziel gesetzt. Die Forscher (HBP) wollen „neuromorphe" Superrechner bauen die nach den Funktionsprinzipen des menschlichen Gehirns arbeiten. Ich glaube irgend wann ist die künstliche Intelligenz so hoch, dass sie anfängt die Welt selber weiter zu erforschen („technologische Singularität"). Wenn die Menschen und die künstliche Intelligenz dann den Quantencomputer entwickelt haben kann man wahrscheinlich wirklich von einem Quantensprung sprechen was die Erschaffung Gottes betrifft!

Im Laufe der Evolution entwickelte sich ein Religiösitiätsgen.[52] Wer dieses Gen hat und nutzt profitiert von dem positiven Glauben.[37, 10] Wissenschaftliche Studien in den USA ergaben, dass Religionen den Gemeinschaftssinn fördert.[37] Im Durchschritt geht es religiösen Menschen besser als den Menschen ohne Bekenntnis. Religiöse Menschen denken weniger über die Welt nach, da sie mehr Vertrauen in sie haben. Dadurch sind sie viel öfter im Flow. Religiöse Menschen leben auch länger. Dabei spielt es keine Rolle welche Religion praktiziert wird. Durch den religiösen Glauben wird immer das Religiösitätsgen aktiviert das die Gemeinschaft fördert! Dies kann beim lesen in der Bibel sein, beim beten, beim meditieren, beim ansehen einer Kirche oder beim betrachten einer religiösen Figur auf einem Bild. Auch beim Jonglieren und danach spüre ich meine Verbundenheit zu anderen Menschen und Gott. Für mich ist es so etwas wie ein sehr großes Maß an Empathie (Stichwort: Resonanz . Gedanken entstehen durch elektrische Impulse im Gehirn. (Wer sich schon mal mit dem menschlichen Gehirn beschäftigt hat weiß, dass die Milliarden von Neuronen im Gehirn elektrische Impulse über die Milliarden von Synapsen weiter senden. Diese erzeugen elektromagnetische Wellen und sie erzeugen ein Resonanzfeld. Die CIA hat die Technik die elektromagentischen Wellen zu entschlüsseln und sie können so Gedanken lesen. Wobei das menschliche Herz eines gesunden Menschen ein noch weit aus größeres elektromagnetisches Resonanzfeld erzeugt! Dies lässt sich durch Achtsamkeit, Vorstellungskraft, Yoga und auch Krafttraining trainieren.).

Ich trug eine Zeit lang den indianischen Party und Fruchtbarkeitsgott Kokopelli als

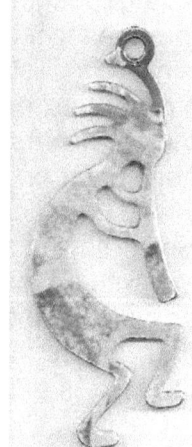

Anhänger an meiner Halskette.[51] Ich hatte ihn von meiner jüdischen Gastmutter in Kalifornien als Schlüssel Anhänger geschenkt bekommen. Kokopelli brachte mir immer Glück. (Unter den römischen Göttern war Venus die Göttin der Liebe und Schönheit und bei den Griechen Aphrodite.)
Im Laufe der Zeit entwickelten sich viele Begriffe für das Flow Erlebnis. Die gleiche Bedeutung haben die Begriffe: starker Flow, Selbstvergessenheit, Trance, meditativer Zustand, und hohe Konzentration. Während des Zustandes geht es dem Menschen sehr gut! Zudem werden die körpereigenen Selbstheilungskräfte aktiviert. Der

Schamane heißt übersetzt, der der die Ekstase kennt. Die Schamanen haben sich früher tanzend mit drei bis sieben Trommelschlägen in der Sekunde in den Trancezustand gebracht. Sie
vermochten es ihre Patienten von ihren schlechten Energien zu befreien. Du bist im Trancezustand mit der Natur verbunden. Dabei gleichen die Schwingungen deines Gehirns dem Puls der Erde. Gemessen an einem EEG läuft das Gehirn in Sinnusschwingungen mit 37 Hertz. Ähnlich tanzen sich Jugendliche in der Disco in Trance (habe ich auch schon ausprobiert). In den Tanzsälen bewegen sie sich rhythmisch zur Techno Musik. Bei dieser Bewegung lässt sich die Leichtigkeit des Fliegens spüren. In jedem Trance Zustand werden die natürlichen Selbstheilungskräfte aktiviert.
Es gibt eine Medzin die sich bewusst die körpereigenen Selbstheilungskräfte zur Stressredukiton zu nutzen macht. Sie heißt MindfullnessBasedStressRedtuktion (MBSR) und sie ist von John KabatZinn entwickelt wurden. Sie beruht auf buddhistischen Lehren hat allerdings nur einen medizinischen Hintergrund und MBSR wird heutzutage in der Psychotherapie wie auch der Psychosomatik angewendet. Aber auch immer mehr Manager entdecken die MindfullnessBasedStressReduktion (MBSR) Technik für sich zur Stress Reduktion. Im Grunde geht es nur darum alle seine 5 Sinne einzusetzen und sich und seinen Körper im Hier und jetzt zu spüren. Oder beim essen und trinken den

Geschmack bewusst wahrzunehmen und ihn auch genussvoll wirklich zu genießen. In der Hektik und ihm Stress essen
manche Menschen nur noch Fertigprodukte, Toast und die Milchschnitte zwischendurch. Aber soweit darfst du es nicht kommen lassen, dass du sogar schon bei den Mahlzeiten Zeit einsparen willst. Vergesse Fast Food und besinne dich wieder Slow Food mit Genuss und natürlichen Zutaten aus der Natur!
Schamanen waren in ihrem Volksstamm angesehen. Ein sehr berühmter und beliebter Heiler war Jesus. Er gab kranken Menschen die notwendige Zuwendung. Und er gab den Glauben an die Heilung zurück. Der positive Glaube hatte einen starken Placebo Effekt, denn dir geschieht wie du denkst![4, 10] Jesus spricht: „Alle Dinge sind möglich dem, der da glaubt!" (Markus 9,23) „The World is what you Think it is." Prof. Gödel ; Teil der traditionellen Huna Religion auf Hawaii.
Gegenüber den modernen Helfern, dem Psychologen, gibt es viele Vorurteile. Auch Menschen in psychischer Behandlung ,
werden häufig als psychisch Krank abgestempelt. Obwohl durch die Behandlung der erste Schritt zur Heilung getan wird! „Normale" Menschen sind oft sehr intolerant gegenüber außergewöhn-lichen Menschen.[47] Dabei sind einzigartige Menschen etwas Besonderes.

Diagnosen sind zwar notwendig um die Krankheit festzustellen. Aber sie verpassen einem auch einen dicken Stempel. Durch die Abstempelung werden viele Patienten chronisch krank. Es wird zu wenig der Glaube an eine psychische Besserung vermittelt. Dies bestätige auch mein Psychiater Dr. Cordes. Diagnosen werden nur für die Kostenübernahme der Krankenkasse gestellt und umso schlimmer die Diagnose ausfällt, desto mehr Geld bekommt die Krankenkasse vom Staat.[8] Für den Patienten hingegen komme es nur darauf an seinen Alltag wieder zu meistern, meint Dr. Cordes. Genauso wie Arbeitslosen Menschen tut psychisch kranken Menschen auch ein Job gut. Gerade die Diagnose Psychose wird auch von vielen Patienten als falsch beurteilt. Gerade auch aus dem Grund das die allgemeine Bevölkerung durch die Medien ein falsches Bild von der Diagnose Psychose hat. Dies führt dann häufig zu einem Konflikt.
Die Psychiatrie entwickelt sich auch weiter. Langsam kommen Wissenschaftler davon ab Diagnosen zu stellen. Es werden nur noch alle vorkommenden Symptome aufgezählt, unter denen der Patient leidet.[31] Man kann psychisch erkrankte Menschen nicht einfach in eine Schublade stecken, wie Psychose, Borderline und Depressionen. Dafür sind sich die psychischen Erkrankungen zu ähnlich. Unter Depressionen leidet fast jeder psychisch Erkrankte, meist durch zu viel Druck und Stress ausgelöst. Dazu kommen dann noch unterschiedliche Symptome wie Schlafstörungen, soziale Phobie, Misstrauen usw. Während der Behandlung ist es dann Ziel die leidvollen Symptome zu lindern. Dazu überlegen sich Patienten und Therapeuten gemeinsame Therapieziele. In manchem Leiden kann ein guter Psychologe auch das positive Entdecken und dann die Sichtweise des Patienten zu seiner Eigenart ändern.[47]

Wichtig für den Flow ist eine Grundentspannung, die du mit 400mg/ Magnesiumcitrat am Tag bekommen kannst.[1] Das Entspannungssalz Magnesium nehmen inzwischen auch fast alle Sportler ein. Wobei es qualitative sehr große Unterschiede gibt. Dieser Unterschied wird schon am Preis deutlich: 150 Brausetabletten a 400mgMagnesiumoxid kosten bei Aldi 1,59€. Magnesium Citrat Mivolis von dm kostet 3,99€ für 20 Beutel a 400mg. Bei diesem Produkt habe ich den stärksten Effekt auf den Testosteronspiegel gespürt. Es lohnt sich wirklich mehr Geld für das Magnesiumcitrat auszugeben. Viele Sportler nehmen Magnesium zu sich, da Magnesium Krämpfe und Muskelkater vorbeugt. Sogar gegen starke Kopfschmerzen wie Migräne wirkt Magnesium in hohen Dosen, wenn es regelmäßig eingenommen wird.[8] Magnesium beschleunigt auch die Regeneration der Muskulatur. Zu beachten sei nur, dass Alkohol den Magnesium Spiegel im Blut dramatisch senkt.

Falls du keine Flow Erfahrungen hast, dann könnte das an deiner körperlichen Verfassung liegen. Sportliche Menschen mit einem athletischen Körper sind viel eher bereit, in Trance zu gehen. Dies liegt unter anderem daran, dass sie stressresistenter sind. Stress wird über die im Muskel befindlichen Zellkraftwerke (Mitochondrien) abgebaut. Magnesium erhöht übrigens auch die Zahl der Mitochondrien deutlich in Verbindung mit Sport genauso wie es den Testosteronspiegel im Blut deutlich anhebt! Dein körperliches befinden kann sogar als ein Kompass für dein Wohlbefinden genutzt werden, behauptet die Body Mind Medizinerin (Psychologin) Hanne Seemann.[10] Muskellösse Männer und Frauen sind weniger anfällig für Depressionen.(Als Kinder waren wir auch noch schlank und zufrieden.)

Es gibt sogar einen Zusammenhang zwischen Kraftausdauer (Herz Lungenkapazitäten) und Intelligenz fand der Medizinprofessor M. Nilsson heraus. Dazu werte er die vorhanden Standard Daten aus die bei der Einstiegs Diagnostik von 1,2 Millionen Berufssoldaten erhoben worden. Dazu gehört sowohl ein Fitnesstest als auch ein Intelligenztest. Professor M. Nilsson konnte einen deutlichen Zusammenhang zwischen Herz und Lungenkapazität (VO$_2$ max.)und Intelligenzquotient feststellen. Also stimmt die Aussage: In einem gesunden Körper ruht auch ein gesunder Geist!

Ich mache auch Krafttraining und Ausdauersport. Durch Krafttraining lernt der Körper den Stress zu regulieren! Während des Trainings wird vermehrt Kortisol ausgeschüttet das einen zu maximaler Leistung pushed. Das gute ist, der Mensch hat während des Krafttrainings die Stressausschüttung vollständig unter Kontrolle. Dadurch entsteht nur positiver Stress. Wenn die Anspannung loslässt entspannt sich der Bodybuilder und das Stresshormon Kortisol wird wieder abgebaut. Dies ist ein herrliches Gefühl der Entspannung. Dieses Gefühl der Entspannung ist für mich das schönste am Krafttraining. Es tritt auch gerade ein, wenn der Muskel sich vorher völlig ausgepowert hat. (Nach diesem Prinzip funktioniert übrigens auch Muskelentspannung nach Jackobsen.) Nach dem Training habe ich ein energiegeladenes und kraftvolles Körpergefühl. Ich nehme meinen Körper bewusst war wie es auch in der Achtsamkeits Schule durch Yoga trainiert wird. Langsam fange ich an meinen Körper gerne zu mögen, dadurch nehme ich ihn auch bewusster wahr.

3.1 Flow in der Arbeitswelt:

Die erste Voraussetzung (Sinnvolle Beschäftigungen) für den Flow ist gerade in der Arbeitswelt erfüllt. Flow erlebt der Angestellte bei optimaler Anforderung. Bei Überforderung kommt es zu Frust und bei Unterforderung zur Langeweile. Aus dem Grund ist ein Feedback über das Arbeitsempfinden sehr wichtig. Zumal konzentriertes Arbeiten Erfolg verspricht. Und stellt sich erst einmal Erfolg ein, so motiviert er zusätzlich!Arbeitslosen fehlt die sinnvolle Beschäftigung, deshalb sind sie unglücklich. Nachdem ich meine Schule abbrach machte ich eine 2,5 Jahre andauernde Pause. In dieser Zeit hatte ich viele Klinikaufenthalte. Mir fehlte die regelmäßige Beschäftigung. Auch fehlte mir die Anerkennung für gute Leistungen, wo drunter mein Selbstwertgefühl lit. Am Abendgymnasium bekomme ich jetzt wieder Anerkennung für gute Noten. Dort habe ich auch einen regelmäßigen Austausch mit meinen Mitschülern. Ich merke beruflich voran zu kommen wodurch ich wieder eine Perspektive habe.

Obwohl Menschen durchaus auch Flow bei der Arbeit erleben, liegen Menschen trotzdem lieber faul am Strand.[7] Der Grund ist, der Erwachsene Mensch ist bedacht wenig Energie zu verbrauchen. Das Verhalten steckt in den Genen, denn es gab in der Steinzeit wenig zu essen. Dieses Phänomen wird auch als Paradox der Arbeit bezeichnet. Dies sollte dir zu denken geben! Allerdings ein Arbeitsleben ohne Pausen kann sich ziemlich schnell wie eine Folter anfühlen. Pausen sind dafür da um aufzutanken und alles mit Abstand zu betrachten.

In Deutschland hat jeder Mensch genug Geld zum Überleben. Trotzdem streben viele Menschen nach den hoch bezahlten Jobs. Beförderungen bedeuten sozialen Aufstieg. Es macht glücklich. Vergesse dabei aber nicht, „Der Weg ist das Ziel"!

Wichtig ist es nicht nur nach Geld und Anerkennung zu streben aber auch nicht nur aus spielerischem Trieb zu handeln, wie einige Künstler. Bei Google dürfen die Mitarbeiter zwischendurch spielen um sich zu inspirieren. Viele Mitarbeiter haben im Büro eine Carrerabahn aufgebaut oder sie spielen mit anderem Spielzeug. (Es gibt Volleyball und Tennisplätze, Schachturniere und viele andere lustige Sachen um die Mitarbeiter bei guter Laune zu halten. Übrigens ist bei Google jeder 2. Mitarbeiter Aktienmillionär.) Der reine Homo Faber erlebt keine Freude mehr an seiner Aktivität, während es dem reinen Homo

Ludens oft an Anerkennung und somit Geld fehlt.[10] Anders sind einige Rentner, sie haben bereits genug Geld und Anerkennung. Der Komponist Verdi beispielsweise hat erst spät mit leidenschaftlicher Verspieltheit und reiner Intuition komponiert. Erst im Alter von 80 Jahren komponierte er die Oper „Falstaff". Sie ist heute seine Bedeutendste.

Nur wer mit dem Herzen bei der Sache ist und wirklich seine eigenen Ziele verfolgt erlebt langfristig Flow. Er ist sehr motiviert zu arbeiten. Während er motiviert arbeitet lernt er dazu und wird immer besser! Das sieht der Chef, genauso wie die vielen Überstunden. Da winkt bald eine Beförderung. Aber wer nur mit starkem Willen strebt verliert irgendwann die Lust an der Arbeit. Er gerät in ein Burnout hinein vor dem heutzutage immer mehr Menschen Angst haben.[10] Besonders gefährdet sind Perfektionisten. Sie vernachlässigen ihre Bedürfnisse zu Gunsten der Arbeit. Die Seele verweigert irgendwann die weitere Arbeit. Nach dem Burnout ist der gesamte Antrieb auf einmal weg. Raus aus dem Burnout schafft man es nur noch mit fremder Hilfe in einer Klinik. Dort wird man wieder motiviert an sich zu arbeiten. Man lernt seine Emotionen zu leben. Dabei helfen Gespräche, Musiktherapie, Entspannung und Bewegung. Genau diese Dinge behandele ich in meinem Projekt „Lebensgenuss im Flow". Mir ist es genauso wichtig geworden mit meinen Mitschülern auf Partys zu gehen wie eine gute Leistung in der Schule zu erbringen. So kommen meine Emotionen nicht mehr zu kurz.

3.2 Flow bei der Erziehung:
Fast alle Kinder sind fröhlich. Sie lachen viel und sie sind Welt offen. Bei einem Aua gibt es kurze Streicheleinheiten von der Mama und dann wird weiter gespielt.

Im erwachsenen Alter ist vielen Menschen das Lachen vergangen. (Aber sogar das Lachen kann wieder erlernt werden.) Die negativen Gedanken haben das Unterbewusstsein vieler Erwachsener Menschen getrübt. Bei einem internationalen Vergleich belegte Deutschland nur den 81. Platz in der Stimmung der Bevölkerung.[28] Ab einem Mindesteinkommen von ca. 1200€ im Monat hat Geld so gut wie gar kein Einfluss mehr auf das Glück (Wohlbefinden).[28] Wirst du vielleicht auch in deiner Zeit als Student gemerkt haben. (Wobei es auch darauf ankommt wofür man sein Geld ausgibt: Es wirkt sich anders aus sein Geld für teures Benzin auszugeben als für gutes Essen.) Glück entsteht durch positive Gedanken, denn positive Gedanken geben gute Gefühle. „Auf die Dauer der Zeit nimmt die Seele die Farben deiner Gedanken an."[43] (Marc Aurel) Optimismus und Glück lässt sich erlernen![28]

Negative Gedanken haben das Unterbewusstsein vieler Erwachsener zu einem trüben Tümpel gemacht.[1] Die negativen Gedanken führen zu schlechten Gefühlen. Sie sammeln sich im Unterbewusstsein an.

In der Psychoanalyse wird das Bild verwendet, dass ein vergammelter Schuh aus dem getrübten Teich während der Behandlung geholt wird. Es wird sich mit ihm auseinander gesetzt. Dabei wird klar, dass er unangenehm ist. Er wird wieder zurück in den Tümpel geworfen. Die Psychotherapie macht nachdenklich, aber weil es um Probleme geht sind es meistens negative Gedanken. Die Psychotherapie macht nachdenklich, aber weil es um Probleme geht sind es meistens negative Gedanken. Daher macht sie nur selten glücklich. Anstatt die Schuld für eine psychische Erkrankung in der Vergangenheit zu suchen hilft es viel mehr anderen Menschen zu verzeihen für das was sie einem angetan haben.[58] Dadurch kann man davon los lassen und wieder Frieden mit der Welt schließen. Dann fällt es anderen Menschen auch leichter einem selber zu verzeihen für die Schäden die durch das eigene Handeln entstanden sind. So heißt es auch im Vater unser: (...) „Und vergib uns unsere Schuld den auch wir vergeben unseren Schuldigern." (...)

Allerdings über ein spezielles Thema zu sprechen kann schon hilfreich sein. Bremen, den 9. Juni 2008: Ich habe meinen Psychotherapeuten heute wieder getroffen. In dem Gespräch wurde ich ernst genommen und ich bekam soziale Bestätigung. Es hatte mich auch gefreut nach längerer Zeit Herr Freisberg noch mal zu sehen und sprechen. Anschließend dachte ich lange über das Gespräch nach. Als ich Klavier spielte konnte ich mich nicht mehr konzentrieren. Ich war zu sehr mit mir selbst beschäftigt. Braunschweig, den 23.06.2013 Gerade habe ich überlegt wie ich den Text in Bezug auf meinen Therapeuten verbessern kann: Dafür haben an dem Tag meine Gedanken dann auch zu echten Veränderungen geführt. Ich habe meine Ziele überdacht und ich habe mich auf dem Abendgymnasium angemeldet. Dafür bin ich Herr Freisberg dankbar. Er hatte mich noch ernst genommen obwohl ich die Diagnose Psychose hatte und er hat mir zugetraut ich könnte noch mein Abitur erreichen und einen Beruf erlernen.

Zweimal hatte ich Herr Freisberg dann noch angerufen um ihn zu erzählen, dass es auf dem Abendgymnasium gut läuft. Dort in den Gesprächen habe ich mich richtig verarscht gefühlt und mich lange danach vor allem über das 2. Telefonat aufgeregt. Leider war das dann mein letzter Kontakt zu Herr Freisberg der dann wahrscheinlich den gesamten Eindruck auch getrübt hatte. Schade. Kurze Zeit später hatte ich dann die Schule abgebrochen. Mein Vater hatte leider zu mir auch gesagt ich könnte nicht stolz darauf sein die 12. Klasse geschafft zu haben, weil ich sie ja schon mal geschafft hatte. Obwohl ich am Abendgymnasium ich in der 12. Klasse auch viel besser mit den Mitschülern zurecht gekommen war und es mir alles viel leichter viel. Meine Motivation zur Schule zu gehen und mein Selbstbewusstsein mein Abitur zu machen waren dann kurze Zeit später weg als ich dann mal einen Konflikt mit Mitschülern hatte. Weil ich dann nicht mehr zur Schule ging hatte ich dann wieder ganz viele Konflikte innerhalb der Familie und habe dann die Schule geschmissen. Ich selber habe mich dann später darüber geärgert das ich die Chance mein Abitur zu bekommen nicht genutzt hatte und die Schule abgebrochen hatte. Weil ich nicht meine Pflicht erfüllt habe bin ich kurze Zeit später wieder in der Klinik gelandet.

[Es war sicherlich gut den Therapeuten Herr Freisberg während meiner Jugend als Gesprächspartner zu haben. In den 45 Minuten in der Woche konnte ich alles ansprechen. Dies hat sich bestimmt auch positiv auf meine Intelligenz ausgewirkt. Mir war es aber total peinlich das ich in Therapie war, da es zu mindestens zu der damaligen Zeit sehr viele Vorurteile vor Psychologen gab wie auch vor Menschen die in psychologischer Behandlung sind. Inzwischen habe ich aber wieder sehr viel Respekt mit dem Gefühl verbunden mit meinem Therapeuten und anderen Psychologen. Dabei merke ich das ich durch dieses Gefühl (auch verbunden mit der Peinlichkeit) Leichter an anderen Gesprächen teilnehme und mehr erzähle. Diese Vorurteile hatten leider wohl auch einen Nocebo Effekt obwohl ich es meinen

Freunden und Bekannten verheimlichte. Leider konnte ich viele Therapieziele nicht erreichen, wie gesunder Schlaf und mehr Freunde während meiner Jugend. Nach meinem ersten Klinikaufenthalt haben mir dann alle gesagt ich schlafe zu lange und es wurde kritisiert das mir Freunde wichtiger sind als die beruflichen Ziele.

Ich hatte zu meinem Psychotherapeuten Herr Freisberg lange Zeit kein Vertrauen gehabt. Ich hatte auch Angst als psychisch krank abgestempelt zu werden. Herr Freisberg hatte glaube ich auch kein richtiges Vertrauen zu mir, weil er mir viele Sachen einfach nicht geglaubt hat. Zum Beispiel, dass ich meine Kindheit als schön in Erinnerung hatte. (Dieses Bild ist ein schöne Erinnerung an meine Kindheit. Ich bin rechts zu sehen. Mein bester Freund Ante während meiner Kindheit ist auch auf dem Bild zu sehen. Mein Vater sitzt mir gegenüber. Der Vater von Ante ist auch auf dem Bild zu sehen. Meine Mutter hat das Photo geschossen. Zum dem Zeitpunkt waren meine Eltern aber schon getrennt.)

Ich war in der Grundschule Klassensprecher, sehr guter Fußballer im Verein und alle meine Mitschüler und Nachbarkinder wollten sich immer mit mir verabreden. In der 5. und 6. Klasse hatte ich auch zwei sehr gute Freunde die dann genauso wie ich auf das Gymnasium gegangen sind. Herr Freisberg wollte mir auch lange Zeit nicht glauben, dass ich Ende der 10. Klasse bis Ende der 11. Klasse eine Freundin hatte obwohl ich ihm in jeder Therapiestunde davon erzählt hatte. Natürlich lag es auch an meiner Erkrankung das ich Schwierigkeiten hatte Vertrauen aufzubauen. Aber genauso wie zwischen Menschen die Chemie stimmen muss, muss auch die Chemie zwischen dem Patient und dem Psychotherapeuten stimmen. Die Therapie bei einer Heilpraktikerin als ich 17 Jahre alt war für 4 Monate hatte mir mehr gebracht. Dort bekam ich Akupunktur (kleine Nadelstiche) gegen meine Schlafstörungen. Meine Schlafstörungen wurden in der Zeit um 50% besser. Auch bekam ich von meiner Heilpraktikerin Bachblüten. Ich habe sie gerne eingenommen, weil sie aus der Natur sind und sie nicht die vielen Nebenwirkungen von chemischen Medikamenten haben. Zu meiner Heilpraktikerin hatte ich auch gleich mehr Vertrauen. Ich merkte auch, dass sie mit ganzem Herzen an ihrem Job hängt. Erst während der Behandlungszeit bei meiner Heilpraktikerin hatte ich mich getraut das Thema Mobbing bei meinem Psychotherapeuten anzusprechen. Die Heilpraktikerin gab mir auch einen guten Tipp wie ich mit meiner damaligen Freundin zusammen kommen kann. *Ich sollte ihr nach einer Verabredung einen Abschiedskuss geben.* Bei meinem Psychotherapeuten hatte ich eher den Eindruck er hatte die Beziehung schlecht geredet. Aber was mir am meisten gestört hatte war die Tatsache, das mein Psychotherapeut die Behandlung bei meiner Heilpraktikerin auch noch schlecht fand.

Für mich war es gar nicht so einfach gute Psychologen zu finden. Zu meinem Psychiater Dr. Cordes hatte ich vertrauen. Ich hatte auch einiges mit ihm gemeinsam, denn er spielt auch Musik und er geht joggen. Zu meinem Sozialpädagogen vom ambulanten betreuten Wohnen habe ich auch vertrauen. Ich mag Karsten gerne. Ich vertraue ihm alles an. Wir haben auch schon zusammen jongliert und Musik gemacht. Wir waren auch einige Male zusammen in einem öffentlichen Café und haben dort einen Cappuccino getrunken und uns unterhalten. Ein Kollege von ihm hat mir in einer Vertretungsstunde mal neue Improvisationstechniken am Klavier gezeigt. Klaus hat mir auch zwei Witze erzählt und wir haben uns lustige Videos auf Youtube angesehen (z.B: Gabelstapel Führer Klaus).

Anstatt einen vergammelten Schuh aus dem Teich zu holen ist die Psychologie inzwischen auf die Idee gekommen den trüben Teich wieder mit klarem Wasser zu füllen. Wodurch der gesamte Teich wieder klarer wird. Ein klarer Bach fließt in das Wasser, indem man schöne Gedanken hat. Schöne Gedanken entstehen bei schönen Beschäftigungen. Ein schöner Gedanke ist: „Ich bin froh und heiter, glücklich ist mein Begleiter". Die Bedingungen dafür sind bei einem gemeinsamen FlowErlebnis gegeben!

Kinder haben noch einen inneren Spieltrieb. Er hilft Kindern die Welt kennen zu lernen. Sie erleben Flow bei der Entdeckung ihrer Welt. Sie lernen Krabbeln, Gehen, Sprechen und probieren alles aus.
Erwachsene sind meistens begeistert von den kleinen Kindern. Leider werden die Kinder solange mit Regeln bombardiert, bis sie sich vor dem Fernseher zurückziehen. Dies ist der einzige Ort an dem sie nicht stören.
In einer Studie ergab sich, dass Mütter ihrem Kind innerhalb von vier Stunden nur 6 mal „Ja" sagten, aber 47 mal „Nein".[1] Jedes „Nein" ist ein Verbot. Es ist der negativste aller Gedanken. Besser ist es durch eine Begründung abzulehnen. Beispiel: Anstatt die Frage „Hast du heute Abend für mich Zeit" mit einem Nein abzulehnen ist es freundlicher zu sagen: „Schade, ich habe gerade etwas vor, aber vielleicht nächste Woche." (Aber besten immer gleich darauf Antworten: „Wie willst du das nur je wieder gut machen.") Durch den Verzicht des Wortes Nein kann man einige Menschen glücklicher machen, unter anderem sich selbst.

Genauso werden die Kinder in der Schule nach Regeln und Verboten erzogen. Daher ist meiner Meinung nach ein Indiz für eine gute Schule nicht etwa das gute Abschneiden in Vergleichstests wie dem Zentralabitur. Sondern entscheidend für eine gute Schule ist vielmehr der Gebrauch des Erlernten in der eigenen Freizeit des Heranwachsenden. Durch die Teilnahme an schulischen Wettbewerben zeigt der Schüler Interesse an Forschungen auch während seiner Freizeit.

Klein Schöppenstedt im Jahre 2008: Weil ich meine Kindheit als viel schöner als meine Jugend empfand, bekam ich Lust mit Kindern beruflich zu arbeiten. Ich stellte mir vor Grundschullehrer zu werden. Ich freundete mich mit meinem Nachbarkind an. Ich wollte Erfahrungen in dem Umgang mit Kindern sammeln. Außerdem las ich, Kinder werden umso intelligenter umso mehr Kontakt sie mit Erwachsenen haben und durch Musizieren. Lasses (mein Nachbar) Vater gab Lasse viele Regeln und Verbote. Der Vater war besonders streng da Lasse ADHS hatte, was ich leider erst später erfahren habe. Ich war toleranter. Ich erlaubte ihm vieles und ich ließ es ihn ausprobieren. Ich glaube, deshalb mochte Lasse mich so gerne. Er bezeichnete mich als seinen besten Freund. Lasse fiel immer etwas Schönes ein, wie wir uns beschäftigen können. Ich hatte mit ihm eine Flow reiche Zeit. Leider war es aber für Lasse dann in der Schule schwerer sich auf den Unterricht zu konzentrieren und alle Regeln im Unterricht zu folgen. Aufgrund des ADHS störte Lasse gerade zu Anfang häufig den Unterricht und er hatte dadurch Probleme.

Aber das wohl wichtigste in der Erziehung von Kindern ist es, dass man Kinder wie Kinder behandelt. Dies ist ganz wichtig für die Entwicklung von Kindern.

Auch der eigene Wille ist wichtig für den Flow.[3] Was der Mensch möchte, macht er gerne. In der Key School und der Montesouri Schule wird nach diesem Wissen gehandelt. In Kindern steckt noch die natürliche Neugierde und der Spaß am lernen. Sie können sich für die durch die Neugierde geweckten Interessen begeistern. Genau diese Interessen können sie in der Key School vertiefen. Dort interviewt nämlich der Lehrer seine Schüler nach ihren Interessen vor laufender Kamera. Dabei gilt es, gemeinsame Lernziele zu vereinbaren. Einige Schüler möchten Sonntags genauso wie der Vater den Sportteil in der Zeitung lesen. Andere Schüler sind von der Musik begeistert und wollen Noten lernen. Beide Kinder müssen als erstes durch den Lehrer Buchstaben lesen lernen. Der Traumjob vieler Jungs ist Astronaut, sie benötigen Mathematik. Der Vorteil: Die Schüler können ihr Leben selbst gestalten. Und sie sind viel motivierter, ihre Lernziele zu erreichen, da sie es selber wollen! Acht enthusiastische Lehrer gründeten die Key School in Indianapolis. Die Key School ist inzwischen die erfolgreichste und beliebteste Schule in Indianapolis. Aber das Beste: Sie kostet das Gleiche wie andere staatliche Schulen.[3]

Aber in deutschen staatlichen Schulen werden die Lernziele von der Behörde festgelegt. Viele Schüler haben kein Interesse dran. Wenn sie überhaupt lernen, dann nur um gute Noten zu haben. Durch das eigene bestimmen der Lernziele wie in der Key School kann der Schüler mehr Interesse an den Unterrichtsthemen gewinnen. Die Schüler entwickeln dadurch mehr Spaß am lernen und gehen gerne zur Schule.

Wann erlebe ich Flow in der Schule? Wenn ich die Aufgabe für sinnvoll halte, setze ich mich auf jeden Fall an die Aufgabe dran. Sinnvoll sind die Aufgaben, wenn man das erlernte in der Freizeit anwenden kann. Sinnvoll halte ich auch, wenn das Wissen wichtig für das verstehen der Welt ist. Oft kann es dann das eigene Weltbild prägen. Zudem ist das erlernte sinnvoll, wenn man das Wissen später im Beruf gebrauchen kann. Besonders wichtig ist auch, dass die Aufgabe Spaß macht. Für mich ist das lösen von komplexen Mathe aufgaben wie ein Spiel. Beim finden eines richtigen Lösungswegs habe ich ein Erfolgserlebnis. Mathe findet auch Anwendung in vielen Naturwissenschaften, Psychologie (Stochastik) und Informatik. Dies sind genau die Studiengänge, für die ich mich interessierte.

Ich hatte das Glück, dass ich in der 7. Klasse einen sehr guten Deutsch und Geschichtslehrer hatte. Bis zur 7. Klasse hatte ich immer riesige Probleme Texte mit meinen eigenen Worten wieder zu geben. Es ist ja auch gerade für Kinder sehr schwer. Aber bei Herr Rudolph (mein Deutsch und Geschichtslehrer) im Geschichtsunterricht mussten wir jedes Halbjahr ein Geschichtsheft mit allen Themen des Halbjahres abgeben. Dadurch lernte ich Texte aus unterschiedlichen Quellen zusammen zu fassen und in eigenen Worten wieder zu geben. Immerhin waren meine Geschichtshefte auch immer so um die 20 bis 30 Seiten lang. Die Texte selbst zu formulieren hat mir sehr viel Übung gebracht und ich habe das Geschichtswissen dadurch auch verinnerlicht. Die Schüler von der Herr Rudolph gewannen übrigens auch sehr sehr häufig bei dem Bundesgeschichtswettbewerb des Bundespräsidenten. Die Körberstiftung hat die Findorffer Oberschule aus dem Grund sogar zur besten Schule Bremens ausgezeichnet.

Wie bereits erwähnt ist das Belohnungszentrum im Gehirn gleichzeitig das Lernzentrum. Körpereigene Opiate werden im Belohnungszentrum ausgeschüttet beim lernen etwas Neuem. Bereits nach nur 3 Stunden wöchentlichem Fremdsprachen Training konnte im PositronenEmissionsTomogramm eine erhöhte Dichte der Dopaminrezeptoren im Gehirn bewiesen werden.[8] Als junger Erwachsener habe ich festgestellt, dass aus eigenem Interesse Fremdsprachen zu lernen mir Spaß macht und die Fortschritte sehr motivierend sind. Dies gilt Garantiert auch für Wissen in anderen Fächern. Zu lernen stärkt somit das Gefühl des Erfolgs, Stolz und Selbstbestätigung. Bildung ist auch der wohl wichtigste Faktor für Gesundheit bis ins hohe Alter und hat die wohl stärkste Wirkung auf die Intelligenzentwicklung.[54]

4. Wobei erlebe ich am meisten Flow?

Während der Jugendliche die Welt erkundet, um einen Platz für sich zu finden, ist es für ihn wichtig, mehrere unterschiedliche Flow Erfahrungen zu entdecken und somit zu genießen. Flow erlebende Menschen sind selbstbewusster. Selbstvergessen in der Lieblingsbeschäftigung aufzugehen bringt Abstand zu dem Alltag. Flow im Hobby zu erleben entspannt fast wie Meditieren.[26]

Menschen mit wenig Flow Aktivitäten halten ihr Leben für Langweilig. Sie probieren Drogen aus um einen Kick zu bekommen. Kennt das Individuum nur eine „Flow Aktivität", dann frisst sie ihn auf. Es entsteht eine Sucht, ähnlich wie bei Heroin. Erst ab zwei Flow Aktivitäten (oder mehr) verändern sie dich so, dass du liebenswert wirst. Mit Freunden den Flow zu erleben, erhöht noch mal den Spaß und stimmt optimistisch. Es ist interessant sich über die Aktivität zu unterhalten und es motiviert zusätzlich. Falls du die Möglichkeit hast, Flow in deiner Familie zu erleben, dann bist du bestimmt glücklich![3]

Ich habe in meinen Hobbys eine gute Abwechslung aus Sport und geistigen Hobbys gefunden. Der Philosoph Platon schrieb vor 2500 Jahren, damit sich ein Kind richtig entwickelt müsse es Sport und Musik machen. [32] Mache es nur Sport, dann werde es zu hart. Mache das Kind hingegen nur Musik dann werde es zu zart. Aber durch beides entwickele das Kind sich genau richtig.

Ich lerne in meinen Flow Aktivitäten noch Neues dazu. Ich habe die Möglichkeit mich weiter zu entwickeln. Für den Flow ist es wichtig sich neuen Herausforderungen zu stellen.

Während andere Menschen vor dem Fernseher oder dem Computer abhängen liebe ich es noch Zeit für meine Hobbys zu haben. Leider beansprucht meine Ausbildung gerade soviel Zeit, dass ich nicht immer Zeit für LachYoga, Jonglieren und Klavierspielen habe. Früher versuchte ich alle Aktivitäten in meinen Tagesablauf unter zu bringen. Dadurch hatte ich mir aber einen eisernen Käfig gebaut. Es war schon fast wie ein Zwang alle Aktivitäten auszuführen. Hatte ich mal eine Sache weggelassen, dann machte ich mir schon Vorwürfe. Aber es ist schon so, durch regelmäßige Termine und Rituale ist es leichter sich zu motivieren. Wobei natürlich die Arbeit wichtiger ist. Alles zwanghaft an einem Tag zu machen kann es halt auch einfach nicht sein. Man muss eine Balance finden, denn durch das streben nach Perfektion werden meistens die Gefühle unterdrückt. Ich plane meine Freizeit täglich neu. Ich bestimmte spontan und nach Gefühl wozu ich Lust habe. Dabei ist es mir dann natürlich auch wichtig mit anderen Menschen mich zu verabreden und mit Ihnen gemeinsam etwas zu unternehmen. Mit meinen Freunden habe ich meistens immer einiges gemeinsam. So können wir dann gemeinsam Flow im Hobby erleben. Menschen die für sich Zeit reservieren für Ihr Hobby oder zur Entspannung merken viel schneller was Ihrer Seele gut tut!

Mir machen alle hier beschrieben Hobbys viel Spaß. Klar ist die Freizeit nicht unendlich, da die Arbeit und Verpflichtungen wichtiger sind. Aber durch meine große Auswahl an Hobbys bin ich immer motiviert etwas zu tun. So kann ich auch durch die unterschiedlichen Aktivitäten jeweils andere Gehirnbereiche trainieren. Also Langeweile kenne ich gar nicht mehr. Die Zeit ist schon das kostbarste gut. Aus dem Grund lebe ich auch jeden Tag so als ob es der letzte sein könnte. Aber gleichzeitig habe ich auch noch den Wunsch mit 70 Jahren einen Marathon zu laufen.

Jeder Mensch braucht auf jeden Fall Rituale. Sie geben einem ein Gefühl der Normalität. Durch täglich Rituale kann der Mensch entspannen und ein Gefühl der Geborgenheit entwickeln. Wenn du ein schönes Ritual in dein Alltag integrierst wird es wirklich dein Leben verändern. Ich habe zu Beispiel fest in meinen Tagesablauf integriert, morgens nach dem Wach werden erst einmal 5 km joggen zu gehen. Dabei halte ich mich in einem Park auf. Durch das joggen gelangt viel Sauerstoff in mein Gehirn und ich werde wach. Danach koche ich mir dann einen Kaffee und frühstücke.

Abends vor dem schlafen schreibe ich immer mein Glückstagebuch. (Diese Methode erkläre ich in Kapitel 6). Dabei erinnere ich mich noch mal an den ganzen Tag und halte die schönsten Erinnerungen für die ich an dem Tag Dankbar war in meinem Tagebuch fest.

Ich berichte im folgenden Text von meinen Flow Aktivitäten. Vielleicht bekommst du Lust das ein oder andere Mal auszuprobieren. Gerne können wir auch in meinen Lieblingsbeschäftigungen mal gemeinsam Flow erleben. Wie gesagt, bei dem Lernen von Neuem wird das Belohnungssystem aktiviert.

4.1 Laufen:

In meiner Kindheit ging mein Freund häufig mit seinem Vater joggen. Als Jannis mich fragte, ob ich mit ihm jogge bejahrte ich. Wir gingen oft zusammen Joggen. Bei einem 1000 Meter Lauf in der 6. Klasse belegte mein Freund den ersten Platz. Ich war zweiter.

In der Jugend bekam mein Freund andere Interessen. Ich spielte Fußball. Ich war sehr ehrgeizig. Mein Opa meinte, dass wichtigste beim Fußball wäre die Kondition. Ich machte häufig zusätzliches Lauftraining.

Mit 19 Jahren las ich den Bestseller „Forever Young – Das Erfolgsprogramm" von Dr. Ulrich Strunz. Es motivierte mich regelmäßig zu joggen. Ich bewege mich jetzt jeden Tag. Oft laufe ich in der Natur. Aber es ist auch sehr praktisch das Fahrrad als Transportmittel zu nehmen. Die Muskulatur wird beim Fahrradfahren ähnlich beansprucht wie beim Joggen. Wobei durch den Aufenthalt in der Natur der Mensch auch auftankt, was beim Fahrradfahren an der Straße weniger der Fall ist.[66]

Am meisten Flow erlebe ich bei den Wettkämpfen. Ich habe mit einem 10 km Lauf angefangen und habe mich dann langsam gesteigert. Mit 24 Jahren habe ich mit meinem Freund Sebastian dann für einen Marathon trainiert. Als Trainingskonzept benutzen wir das Buch „Marathon:You can do it!" von Jeff Galloway in der englischen original Ausgabe. Wir haben dann auch beide den Marathon geschafft. Dabei hatte ich auch schon eine ganz ordentliche Zeit von 4 Stunden und 12 Minuten. Das Ziel zu erreichen, für das wir solange trainiert haben, hatte uns dann sehr glücklich, zufrieden und stolz gemacht! (Sebastian hatte nicht richtig gefrühstückt und war gerade so noch pünktlich zum Start gekommen. Er war nach 28 km eingebrochen, aber er hatte den Marathon dann immerhin noch mit 4 Stunden 30 Minuten geschafft.) Dieses Jahr laufe ich meinen 3. Marathon. Auf dem Bild laufe ich gerade in das Ziel nach einem 10 km Lauf. Ich glaube es ist mein Glücksempfinden auf dem Bild zu erkennen. Ich habe festgestellt, dass ich nach dem Laufen mehr Aufmerksamkeit bekomme. Ich glaube es liegt da dran, dass ich dann besser gelaunt bin. Und fröhliche Menschen sind beliebter.

Zu meinem 23. Geburtstag bekam ich eine Pulsuhr geschenkt. Sie kann an Hand meiner Tagesform meinen idealen Trainingspuls bestimmen. Der liegt höher als es mein Gefühl sagt. So laufe ich jetzt schneller und ich bin häufiger im **Runners High**.

Faulheit macht nicht nur Dumm, sondern ist auch Ursache für viele psychiatrische Erkrankungen. Nach neusten Forschungen ist ein Mindestmaß an Bewegung unverzichtbar, denn das Gehirn des Menschen hat sich seit der Steinzeit an Bewegung gewöhnt. **„Die Gene wollen, dass wir laufen."[21]** Durch Bewegungsmangel kommt es zu Muskelschwund. Es kommt nicht nur zum Muskelschwund auch zum Knorpel Schwund ergeben neuste Studien.[68] (Knorpel Verschleiß ist quatsch, Schwund ist das gefährliche. „Der Mensch ist eine Bewegungsmaschine.") Die „Kniegelenktoilette" gehört leider heutzutage in Deutschland zu den häufigsten Chirurgischen eingriffen in denen in das Knie ein künstliches Gelenk eingesetzt wird.

Der kalifornische Psychiater Wayne Sandler behauptet, Bewegung bringe eine gestörte Gehirnchemie besser ins Gleichgewicht als Medikamente.[2] „Eine Stunde in der Woche laufen, das wirkt so gut wie hundert Milligramm Betablocker jeden Tag" [21] behauptet der Therapeut Tölle. Viele Patienten erzählten ihnen von dem positiven Effekt der Bewegung auf ihr Wohlbefinden. Nur fehlte es vielen an der Zeit. Auf einem Laufband können sich Sandlers Patienten während der Behandlung bewegen. Sandler schlüpft dann selber in seinen Sportdress und läuft auf einem zweiten Laufband mit. In etwa jeder zweite Patient nutzt dieses Angebot.

„Laufen ist die Wunderpille, für die viele Menschen ein Vermögen zahlen würden, wenn es sie in der Apotheke zu kaufen gäbe."(Dr. med. Ulrich Strunz) „Ganz gleich was ihr Problem ist" sagt der Psychiater Ratey seinen Patienten „wenn sie beginnen, sich zu Bewegen, wird ihnen das auch bei der Bewältigung ihres seelischen Problems helfen. Sandler verschreibt seinen Patienten die Bewegung wie eine Arznei: „Bewegung wird jetzt ihre Medizin sein – und Sie brauchen davon jeden Tag mindestens 30 Minuten." Inzwischen verschreiben bereits 22% der Britischen Ärzte so genannte Sportrezepte. Teller fragte sich, ob es vertretbar sei Medikamente zu Vergeben ohne vorher die natürlichen Selbstheilungskräfte ausprobiert zu haben. Natürlich trainieren beide Psychotherapeuten selbst ihren Körper.

Zu der Therapie gehört es (in der Regel) nachzudenken. Die Zeit draußen in der Natur ist dafür bestens geeignet, da die Bewegung die Gedanken positiv beeinflusst. Und zudem vermindert das tägliche Joggen in der Natur selbst starke Ängste[1] fanden Mediziner heraus und der Aufenthalt in der Natur fördert gemeinschaftliche Gedanken.[66]

1. Beim Walken und ultra light Jogging erhöht sich der Serotonin Spiegel (das körpereigene Antidepressiva). Es hebt deine Stimmung an. Du fängst an, deine Umwelt wieder bewusster wahrzunehmen. Deine Aufmerksamkeit richtet sich auf das Hier und Jetzt. Zudem macht Serotonin fröhlich, genauso wie Lachen! Dir eröffnen sich gedanklich neue Möglichkeiten ... und es steigert sich auch deine Lust (schneller) zu laufen.

Klein Schöppenstedt im Jahre 2008: Ich war nachmittags spazieren. Dabei war ich in Bewegung. Ich bekam wieder Lust etwas zu tun. Ich suchte mir gleich Informationen zur Verbesserung meines Projektes aus einer alten Spiegelausgabe. Zudem bekam ich Lust weitere Dinge anzupacken....

2. Im 2. Gang produziert dein Körper das Hormon ACTH (Entdeckt von Prof. Hollmann 1988), auch als Kreativitätshormon bekannt. Mit Hilfe des Kreativitäts Hormons ACTH (Adrenocorticotropin) lösen sich deine Probleme von selbst. Sprachliche Denkblockaden in der linken Gehirnhälfte werden mit Hilfe von ACTH in der rechten Gehirnhälfte gelöst. (Das Hormon ACTH ist zum Teil auch als „positives" Stress Hormon bekannt (als negatives Stress Hormon gilt Kortisol, „Hilflosigkeitsstress"). ACTH hat wohl die evolutionäre Funktion selbständig Lösungen für Probleme zu finden.) ACTH lässt auch deinen Verstand kristallklar werden. Für die Zündung von ACTH bedarf es allerdings an Eiweiß, Vitamin C, Omega3Fettsäuren und Magnesium. Das Hormon bleibt den ganzen Tag im Gehirn, deshalb lohnt es sich, morgens zu joggen.

3. Der 3. Gang ist leider nur für fortgeschrittene Läufer. Er bringt dich in das bekannte „Runners High". Dein Kopf wird frei. Du erlebst einen Endorphin Rausch. Die verspürte Euphorie gibt ein Hochgefühl. Studien belegen,

nicht alle Läufer kennen das „**Runners High**". Genauso wie Serotonin bestehen Endorphine aus Aminosäuren. Es ist also auch eine ausreichende Eiweißversorgung für das „Runners High" notwendig. Das „Runners High" ist auch eine Form von Ekstase. Im Runners High zu Laufen macht süchtig! Es ist eine der wenigen gesunden Süchte, die ich kenne.

Bremen, den 4. Oktober 2007: Heute erlebte ich Flow beim Laufen. Ich war ganz im Werder BremenDress gekleidet. Ich lief hinter einen Mann hinter her. Eine unsichtbare Kraft zog mich dabei. Ich bekam einen klaren Kopf und ich nahm die Umwelt bewusst wahr.

Aber bei zu anstrengendem Laufen produziert der Körper Milchsäure. Der ideale Fitness Puls befindet sich an der aeroben – anaeroben Grenze. Diese Grenze lässt sich mit Hilfe eines Lacktattests bestimmen. Über das Transportmittel Wasser gelangt jetzt bis zu 100% mehr Sauerstoff in das Gehirn! Da Ausdauersportler viel schwitzen ist es für sie ganz wichtig täglich mindestens 3 Liter Flüssigkeit zu sich zu nehmen. *Ich trinke auch sehr gerne Wasser, Saft oder Tee. Es gibt mir ein gutes Gefühl und es steigert meine Konzentration.*

Während des Ausdauersportes lässt sich wunderbar die Achtsamkeit trainieren. Zu diesem Thema schreibt Dr. Ulrich Strunz in seinem Buch Laufend Gesund. Ich habe die Erfahrung gemacht, dass mir beim laufen das Meditieren viel leichter fällt. Ich kann dabei viel besser abschalten als ich es im Sitzen oder Liegen kann. Meditatives Laufen ist aber glaube ich nichts neues. Viele Läufer wie auch Joschka Fischer laufen um abzuschalten. (Strunz nimmt den früheren Außenminister Joschka Fischer auch als Beispiel in seinem Bestseller Das Erfolgsprogramm. Der Lauftrainer von Joschka Fischer war Herbert Steffny der selber auch Bestseller Autor ist. Der hat in einem Interview erzählt, dass Joschka Fischer immer meditative läuft und sich dann auch nicht gerne dabei unterhält. Im übrigen meinte er, dass Joschka Fischer inzwischen wieder 11km - 12km jeden Tag läuft!) Sich vor dem Laufen vor zu nehmen abzuschalten oder zu meditieren hat aber schon einen sehr großen Effekt.

Wenn man sich das nicht vorher fest vor nimmt, wird man wieder seinen Gedanken hinterher hängen. *Mir gefällt die Meditationstechnik MBSR (Mindfulnes Based Stress Reduction) von Jon Kabat Zinn am besten. Dr. Ulrich Strunz erwähnt diese Technik auch in seinem neusten Buch das neue anti krebs programm. Das Buch Gesund durch Meditation von Jon Kabat Zinn kann ich auch echt empfehlen. Nach meiner Erfahrung reicht es aber auch schon sich zu sagen ich möchte jetzt abschalten. Dadurch höre ich schon auf nach zu denken (zumindest während des Laufens). Wenn dann mal ein Gedanke aufkommt verwerfe ich ihn eben gleich wieder. Meditatives Laufen ist schon eine tolle Erfahrung. Ich nehme die Umgebung dadurch viel bewusster wahr und spüre einfach das Leben im Hier und Jetzt. Ich spüre z.B. den Wind im Gesicht. Ich nehme wahr wie meine Schuhe auf den Asphalt treffen und höre das Geräusch meiner Schritte. Auch bekomme ich beim Training ein sehr gutes Körpergefühl. Wenn es regnet spüre ich die Regentropfen im Gesicht. Wenn die Sonne scheint spüre ich die wohltuenden Sonnenstrahlen auf meiner Haut. Auch ein Mantra kann dabei helfen, weil es verhindert das man in alte Denkmuster zurück fällt. Durch ein Mantra lassen sich negative Emotionen und Ängste deutlich leichter kontrollieren. Das Laufen hat den klaren Vorteil das es leichter fällt nicht aggressive auf das negative zu reagieren, sondern den Blick auf das positive wie die schöne Landschaft zu richten. Mediation heißt dein Ich (nach Freud: Überlch) verschmilzt ganz mit der Natur die dich in dem Augenblick umgibt. Du entwickelst während des Achtsamkeit Trainings einen offen und vorurteilsfreien Blick für die bunte (farbenfrohe) Welt. Ich glaube viele Menschen haben verlernt Achtsam zu sein, aber meditatives Laufen ist eine der effektivsten Methoden dies wieder zu erlernen und seine 5 Sinne zu schärfen. Durch* meditatives Laufen in der Natur *wirst auch du Festellen das Menschen vom Ursprung her glückliche Wesen sind. Während du durch die*

Achtsamkeits Meditation deine Sinne schärfst wirst du Festellen es bedarf gar nicht immer einer Unterhaltung mit einem anderen Menschen um glücklich zu sein. Das meditative Laufen steigert die Fitness, es entspannt mit anderen Worten die physische Stärke wie auch die mentale Stärke wird gesteigert! Durch tägliches (morgendliches) Laufen hat sich bei mir so langsam das Gefühl geändert von ich muss morgens 5 km laufen in ich darf mich noch 10km bis 15km bewegen und die Natur dabei genießen. Dadurch fühle ich mich dann den ganzen Tag lang viel ausgeglichener und kann es leichter aushalten den Rest des Tages nur noch zu sitzen. Laufen in der Natur ist kein Sport, sondern pure Erholung und mein täglicher Urlaub![8]

Von der Bewegung profitiert die Psyche genauso wie das Immunsystem. Nach dem Joggen sind die Killerzellen im Blut um 30% gestiegen. Übrigens aktiviert das Joggen die körperliche (somatische) Intelligenz. Sie sagt, was du brauchst. So wunderte sich manch Gourmet: Warum ihm auf einmal die Banane und der Apfel genauso gut schmecken wie Süßigkeiten. Bei den Erfolgen (Sieg in einem Punktspiel oder gute Prüfungsergebnisse) steigt dein Testosteronspiegel jetzt höher an. Joggen erhöht den Testosteronspiegel um zusätzlich ca. 50%. Zumal sich durch regelmäßigen Sport auch die allgemeine Fitness erhöht. Dadurch haben Menschen mehr Respekt vor dir. Bereits jeder 2. bis 3. Manager hält das Joggen für die wichtigste Methode um Stress abzubauen.[3] Und selbst Kinder laufen vergnügt jeden Tag 10 km in der Natur oder auf anderen beliebten Spielplätzen.[1]

Der Anfänger benötigt allerdings wenige Wochen Training bis sich der Körper auf die Bewegung eingestellt hat. Jetzt ist die somatische Intelligenz aktiviert. Weil sich die aeroben anaeroben Grenze nach oben verschiebt darfst du immer schneller Laufen. Bald kannst du das Hochgefühl des **Runners High** genießen.

Meiner Meinung nach ist das Joggen für die Gesundheit sehr wichtig. Es tut auch sehr gut. Zum Geburtstag schenkte ich meinem Freund Vasco den Bestseller „Das Leicht LaufProgramm" von Dr. Ulrich Strunz. Mein Freund Vasco war eigentlich immerunsportlich, da er immer großes Interesse im Bereich Informatik hatte und er auch in diesem Bereich arbeitet. Aber selbst ihn motivierte das Buch zum Laufen. Während des Joggens hat er dann auch seine erste Freundin kennen gelernt. Bis jetzt sind sie auch zusammen...

Wenn du überlegst mal mit dem Joggen anzufangen, aber dich bis jetzt nicht motivieren konntest, empfehle ich dir auch „Das LeichtLaufProgramm" von Dr. Ulrich Strunz (der Fitnesspapst) zu lesen. Er schafft es wie kein zweiter für das Laufen zu begeistern. Oder ziehe dir einfach Sportschuhe an und laufe im moderaten Tempo 30 Minuten. Zwischendurch darfst du auch kurze Geh pausen von maximal 1 Minute machen. Du wirst fest stellen wie zufrieden du nach dieser halben Stunde bist! Auf langen Distanzläufen mache ich auch alle 15 Minuten kurze Gehpausen.[55] Dadurch hat die Muskulatur kurze Zeit zur Regeneration. Durch lange Distanzläufe auf bis zu 42km vor dem ersten Marathon erhöht sich das Selbstvertrauen den Marathon zu schaffen.[55] Während meines Marathons in Bremen war alle 2,5km ein Getränke Stand. Ich habe mir dann dort immer was zu Trinken genommen und eine kurze Gehpause gemacht. Auf den letzten 3km hatte ich dann noch die Kraft für einen Schlusssprint und ich habe ganz viele Läufer überholt. Das hat richtig viel Spaß gemacht. Es sind halt die Herausforderungen die Menschen antreiben und motivieren!

Kundenrezension von Amazon über „Das Leicht Lauf Programm":

Gönnen sie sich auch noch ein Training für die Muskulatur des Oberkörpers:
Joggen oder Fahrradfahren reichen nicht aus um Rückenschmerzen vorzubeugen. Dafür ist es ganz wichtig den Oberkörper auch zu trainieren . Es ist übrigens viel wichtiger auch den Oberkörper zu trainieren als nach dem Sport sich zu Dehnen. Spare lieber die Zeit die du für die Dehnübungen benötigst ein und mache dafür noch 5 Übungen für Bauch, Brust, Rücken, Schultern, Arme und die Wirbelsäule. Nur in dem du alle Muskeln deines Körpers (gleichmäßig) trainierst können die Energien in deinem Körper ungehindert fließen. Dies beugt auch Rückenschmerzen vor und zudem gibt es mir immer ein Gefühl der Stärke und Entspannung. Zudem verspreche ich dir, das Krafttraining im Anschluß wird schon bald so unverzichtbar für dich sein wie das Joggen (Radfahren) es schon sind.

Königslutter, den 24 September 2015: "Ich bin dankbar, dass ich im Anschluß an das Joggen mit meinem Körpergewicht trainieren konnte. Nach dem Laufen noch Liegestütze zu machen gibt mir ein besseres Körpergefühl. Ich habe noch 4 weitere Übungen für Rücken und Bauchmuskulatur gemacht. 2 Durchgänge. Das Krafttraining lässt sich sehr gut mit dem Ausdauertraining kombinieren. Dadurch habe ich ein noch besseres Körpergefühl und es lösen sich auch Verspannungen im Rücken- und Schulterbereich. (Denke dran die Übungen langsam auszuführen. Wobei nach dem Gefühl trainiere ich die Liegestütze in dem Rhytmus mit dem ein Boxer seinen Gegner (oder Boxsack) attackiert. (Gute Übung für das Ego.) Direkt nach dem Training habe ich zwei Proteinshakes zu mir genommen. Ich bin dankbar das ich die drei Zutaten Proteinpulver, 100% Kakao und Stevia zur Verfügung habe. In meinen Proteinshake kommt immer noch 100% Kakao dazu, wodurch er so lecker wie Schokopudding schmeckt. Das Kakao (Schokolade) hat zudem einen positiven Effekt auf die Psyche ähnlich wie Wein (+ Motivation). Direkt nach dem Training ist die Proteinsynthese um 300% erhöht. Es wird sowohl für die Regeneration als auch den Muskelaufbau benötigt.
Noch mal wichtig zum Schluss: Zu schnelles Trainining im aneroben Bereich Schadet ihrer Gesundheit. Machen Sie dann lieber noch im Anschluss an das Training HIT Training. Das steht für Hoch Intensitäts Training. Sprinten Sie im Anschluss 30 Sekunden. Dies ist ein ganz effektives Training. Sie dürfen bis zu 5 Intervalle machen und die Zeit auf bis zu 90 Sekunden steigern pro Intervall.

4.2 Meditationen:

Am wichtigsten für den **Flow** ist die **Konzentration**. **Der König des Konzentrationstrainings ist die Meditation**. Wie in allen Flow Aktivitäten verstummt der innere Dialog in der Meditation. Es ist also eine **Selbsthypnose**. Durch Achtsamkeitsmeditation ließe sich sogar das empfundene Glück trainieren, behauptet Paul Eckman.[20] Der Dalai Lama schickte einige gute Freunde nach Amerika. Sie ließen ihre Gehirnströme messen. Interessanterweise ist bei ihnen das linke Stirnhirn, des Frontalcortex, viel aktiver als bei westlichen Menschen. Das heißt Optimismus pur. Aufgrund der regelmäßigen Meditation sind buddhistische Mönche heiter und ausgeglichen. Sie halten ihr Buddhaland für das Paradies (Nirwana) auf Erden. Dass Meditation das Gehirn verändert, wissen die Buddhisten übrigens schon lange...

Meditation hat nichts mit Zauberei zu tun. Meditation ist bewusst über einen längeren Zeitraum das Gefühl von Langeweile zuzulassen. Denke an deine Mutter die dir Bettruhe verschreibt, weil du krank bist und dich schonen musst. Richte deine Aufmerksamkeit immer wieder auf das Gefühl wie dein Körper auf der Auflage liegt, deinen Athem und dein Mantra. Arbeite am besten mit Timer und nehme dir bewusst die Zeit für die Entspannung. Manchmal erinnere ich mich dabei an meine Schulzeit in der ich nach einer langweiligen Schulstunde auf den Glockenschlag warte. Anschließend vergleiche ich wie es mir vor den 30 Minuten ging und wie es mir nach der Entspannung ging. Dabei merke ich dann wie gut mir die Auszeit tat.

Die effektivste Meditationstechnik ist die Transzendentale Meditation. Dies behauptet zumindest: Dr. Kenneth Eppley von der Stanford University in den USA. Sie ist so erfolgreich, weil der Meditierende Unterstützung von einem Trainer bekommt.[22]

In der Technik wird ein Mantra wiederholt, wodurch andere Gedanken abgewiesen werden! Am einfachsten lässt sich die Transzendentale Meditation durch einen Meister erlernen. Auf jeden Fall bedarf es an Übung. Die Auswirkungen sind enorm.

Aus dem Grund wird die Technik auch in guten Schulen erlernt. Nicht nur die Konzentration der Schüler wird deutlich gesteigert, sondern auch die Lernfähigkeit und Kreativität. Zudem sind die Schüler Stress freier und die Meditation wirkt sich positive auf die sozialen Kontakte aus.

Braunschweig, den 14. Januar 2008: Heute kam ich beim Meditieren in einen entspannten Zustand. Zuvor konnte ich im Fitnessstudio Stress abbauen. Besonders auf dem Crosstrainer aber auch beim Muskeltraining. Zum Schluss schwitze ich noch in einer Sauna im Wellnessbereich. Während der Meditation wiederholte ich mein Mantra. Nebenbei hörte ich meine Lach – CD über Kopfhörer. Nach etwa 20 Minuten kam ich in eine Art Schlaf hinein. Ich blieb aber bei vollem Bewusstsein.

Leider wurde ich auf Grund des fertigen Mittagessens unterbrochen. Nach Abbruch des Zustandes war ich entspannt und gelassen.

Aber meistens Murmelte ich ohne in diesen schönen Zustand zu kommen. Es frustrierte mich, gerade weil Dr. Ulrich Strunz schrieb man kämme immer nach 20 Minuten in Trance. Aber in echt bedarf es viel Übung. Dies las ich auch in einem Buch über Flow von Mihaly Csikszentmihalyi. Weil ich so selten in den Zustand kam, hörte ich zunächst wieder auf zu meditieren. Für viele Menschen ist es gerade zu Anfang sehr ungewohnt einfach mal gar nichts zu machen. Es hat aber auch etwas damit zu tun sich mal eine Pause und Entspannung zu gönnen.

Aber Meditieren lohnt sich bestätigte auch Prof. Prof. Dr. Manfred Spitzer (der führende Gehirnforscher Deutschlands)! Als ich eine Buchempfehlung über Meditation in der Geo Zeitschrift las, kaufte ich mir das Buch "Gesund durch Meditation" von Jon Kabat Zinn. Jon Kabat Zinn hat bereits in den 70er Jahren die Achtsamkeitsmeditation Patienten in seiner Streßklinik gelehrt. Alle Patienten konnten mit dieser Entspannungstechnik ihren Stress reduzieren. Inzwischen wird die Achtsamkeitsmeditation in hunderten amerikanischen Kliniken gelehrt. **Ziel derAchtsamkeitsmeditation ist es nicht in einen Zustand zu gelangen, sondern ganz im Hier und Jetzt zu leben.** Während der Meditation werden der Atem und 33 die Gedanken beobachtet. In Zeiten von Anspannungen und viel Stress bedarf es meistens nur mal etwas Zeit um inne zu halten, achtsam zu sein und dabei den eigenen Körper zu spüren und ganz im Hier und Jetzt an zu kommen. Thich Nhat Hanh bezeichnet dies auch als Wunder der Achtsamkeit!

Am einfachsten lässt sich die Meditation auch mit Hilfe eines Trainers lernen! Kurse gibt es in vielen Städten. Auf dem folgenden Link ist eine Liste der MBSR Lehrer: http://www.mbsrnetz.de/ausbilder.php?plz=3 .

Ich meditiere jetzt nur noch um mich zu entspannen und Stress abzubauen. Wie verlockend der Weg zur Erleuchtung doch sein mag, ich werde ihn nicht mehr folgen, er ist mir zu stressig! In den Buddhistischen Ländern ist die Erleuchtung das höchste Ziel. Dafür vernachlässigen Mönche wirtschaftliche Ziele, die Folge ist Armut. Dies ist ein Grund dafür, das Länder wie die Schweiz und Dänemark im Durchschnitt glücklicher sind. Zudem haben sich Buddhisten mit ihren vorgeschriebenen Ritualen auch einen eisernen Käfig gebaut.

Meine Entspannungstechnik:

In meiner Meditationstechnik kombiniere ich Achtsamkeitsmeditation mit Entspannungsathem und dem Formel 1 Reflex. Letztes Jahr habe ich von den Osterferien bis zum Mai mit Hilfe des Formel 1 Reflexes meditiert. Damals hatte ich die schönste Zeit seit meiner Kindheit. Meditation ist einfach am besten geeignet um Ängste zu durchbrechen und langfristig den Hilflosigkeitsstreß Kortisol zu reduzieren. Untersuchungen an glücklichen Menschen in Vergleich zu anderen Menschen haben ergeben, sie haben viel geringere Werte des Stresshormons Kortisol im Blut.

Gehe am besten früh zu Bett bevor du das erste mal meditierst. Am besten an einem Wochenende, weil dann kannst du am nächsten Tag ausschlafen. Lasse das Licht an, aber so dass es nicht blendet. Konzentriere dich auf dein Mantra. Lehne dich ganz zurück (in deinem bequemen Bett oder auf deinem Chefsessel). Nehme deine Schultern herunter. Konzentriere dich ganz auf dein Mantra, dann wirst du spüren wie sich dein Atemfluss beruhigt. Denke dir dabei immer wieder: „Ich glaube an die Wirkung von Meditationen!" (In Studien an hunderten Universitäten auf der ganzen Welt wurde der hohe Wert und Nutzen von Mediationen belegt.) „I believe in meditation!" (Mir tut es sehr gut dabei auch religiöse Gefühle zuzulassen!) Dein Mantra ist jetzt wichtiger als deine anderen Gedanken. Sobald du das Zeitempfinden verlierst wirst du anfangen diesen Zustand zu lieben! Denke dran morgen kannst du ausschlafen.

Noch als Tipp: Mit geschlossenen Augen zu ruhen steigert deine sexuelle Kraft (die Potenz steigt). Muskeln lassen sich auch nur durch Vorstellungskraft trainieren! Ich stelle mir lieber vor wie meine Muskeln wachsen anstatt mich auf die Achtsamkeit zu konzentrieren. Die Fähigkeit Muskeln durch die Vorstellungskraft zu trainieren benutzt z.B. der deutsche Olympia Sieger im Gewichtheben Matthias Steiner.

Achtsamkeit: **Konzentration** auf den Atemfluss (Bauchatmung) und Wahrnehmung des Körpers. So lernt man ganz in sich zu ruhen. Die Konzentration kann auch auf ein Mantra (Beispiel: ‚Hakuna Matata Om mani padme hum, Flow, Iamon, Guru Jesus Om) oder instrumentaler Musik gerichtet sein. Am besten schreibst du dir das Wort auf einen Zettel oder deine Hand und stellst dir das aufgeschriebene Wort während der Meditation vor. Die einzige Bedingung für das Mantra: Die Konzentration darf nicht während der Meditation auf eine sinnvolle Botschaft gerichtet sein, da man sonst anfängt darüber nach zu denken. Es sei den das Wort hat irgend eine Bedeutung in die du sehr viel Vertrauen hast. Im Buddhistischen Zenkreis in Bremen zählen alle bei der Meditation von 1 bis 10.

Laut Statistiken in Deutschland sind 85% der Bevölkerung so gestresst, dass sie im Alltag ständig kurzatmig sind und gerade zu hyperventilieren (ein Impuls reflexartig einzuatmen ohne dabei wieder die Luft im Bauch wieder ganz aaaaaaauuuuuuuussssssssszzzzzuuuuuaaaaattttttttthhhhhhhmmmmmeeeeeeennnnnn). Während der Büroarbeit, im Auto und vor dem Fernseher prallen ständig Reize auf den Menschen ein wodurch sich jedes mal die Atemfrequenz erhöht wie auch der Puls. Dies kann wirklich in einem Teufelskreis enden und am schlimmsten wird es, wenn sich die Situation ganz deiner Kontrolle entzieht. Im Gegensatz zu der körperlichen Ertüchtigung in der auch der moderne Mensch automatisch anfängt lange und ausdauernd zu atmen. Wirklich gerade einmal noch 15% der Deutschen Bevölkerung atmen im Alltag noch ruhig, entspannt, langsam und ausgeglichen. So einen Menschen erkennen Sie auf den ersten Blick! Interessant dazu ist nun gerade, das dieser 3. Nährstoff des Menschen neben Wasser und Essen entscheidend für die Stimmung und das Wohlbefinden des Menschen ist. Wenn Sie kurz atmig und leicht gestresst sind oder nervös sind und sich unwohl fühlen merken Sie von ganz alleine das sie nicht ganz glücklich sind. Wenn nun dieses Problem (von der Politik) endlich ernst genommen wird, dann können wir alle wieder ruhig, langsam und gelassen atmen! Darum setzte auch du dich dafür ein das andere Menschen wieder langsam, mit gleichmäßig entspannter Atemfrequenz ein und aaaaauuuuuussssssssss Atmen.

Stress einfach weg atmen: Ziel ist es dabei vom kurzen Atem im Alltagsstress wieder zurück zur tiefen Atmung und Gelassenheit zu kommen. Dabei steigt der Spiegel an Kalzium im Blut wieder an und er entfaltet seine entspannende Wirkung. [10] Dies beruhigt und die Nervosität verschwindet. Leistungssportler (auch Olympia Sieger) wenden diese Technik auch vor dem Wettkampf an um Druck ab zu bauen. [49] Diese Methode ist einfach extrem Effektive und vor allem sie wirkt auch wirklich!

Um zurück zur tiefen Atmung zu kommen musst du bewusst die ganze Luft aus deinem Bauch ausatmen. Versuche dabei auf 4 oder weniger Atemzüge in der Minute zu kommen. Keine Angst: Sobald du deine ganze Luft ausgeatmet hast, atmest du reflexartig wieder tief ein. Diese Übung kann sogar bei einer Panikattacke helfen da es kein effektiveres Mittel gegen akute Ängste, Panik und Nervosität gibt. Schaue 5 Minuten auf deinen Sekundenzeiger atme tief ein und dann wirklich die ganze Luft wieder aus. Bevor du dann zum erneuten Atemzug ansetzt halte noch 3 Sekunden lang deinen Atem an! Bevor du die Übung in der Öffentlichkeit ausprobierst teste sie am besten gleich mal vor deinem Spiegel! Stelle dir dabei vor, du bereitest dich gerade auf einen Boxkampf vor. Ich bin dankbar für den Trick, den Streß einfach weg zu Athmen. Er dauert nur 10 Minuten. Anschließend befinde ich mich in einem ganz anderen Energie Streße-Level. Der Trick ist auch echt das beste gegen Panik (-attaken).

(Sehr gut lässt sich die Atemtechnik mit einer Gehmeditation verbinden. So fällt sie deutlich leichter und wirkt natürlicher. Dann kann man während der ersten Schritte einatmen und dann bei einigen Schritten die ganze Luft wieder ausatmen. Ich wende die Atemtechnik auch oft beim Joggen und Jonglieren an. Dabei komme ich dann in einen ganz anderen Bewusstseinszustand! Gerade im Straßenverkehr geraten Menschen durch das ständig Bremsen schnell in Kurzatmigkeit. Da macht es sehr viel Sinn mal bewusst den Atem wahr zu nehmen und spätestens nach jedem Bremsen noch mal die ganze Luft ausatmen. Auch an jeder Ampel lässt sich wunderbar die Achtsamkeit trainieren.)

Wer einmal gelernt hat, richtig zu atmen dem erschließt sich eine neue Welt. „Atmung ist ein Schlüssel zu unserer Stimmung und damit zu unserer Lebensqualität." [69]

Falls es dir irgendwann komisch vor kommt nur zu sitzen und lange Ein und Aaaaauuuuuusssss zu Atmen benutze auch eine gesprochene Hypnose Anleitung. Es kann sehr beruhigend wirken und vielen Menschen fällt es gerade zu Anfang leichter ihre Atemfrequenz mit Anleitendem Text unter Hypnose zu beruhigen. Aus persönlicher Erfahrung kann ich MBSR Achtsamkeits CD's von John KabatZinn wärmsten empfehlen. Zu lernen seinen Atem in stressigen Situation (spätestens danach oder vielleicht auch schon davor) unter Kontrolle zu bringen kann ein sehr, sehr nützlicher Automatismus sein...

Formel 1 Reflex: Bei Gefahr ziehen Menschen reflexartig die Schultern nach oben. Bei (chronischen) Ängsten sind die Schultern [von Angst Patienten] dauerhaft oben und dies kann zu Nacken Verspannungen führen. Aus dem Grund musst du vor dem Meditieren die Schultern senken um alle Lasten und die eigene Verantwortung mal beiseite zu legen. Es geht bei der Meditation darum ein Gefühl der Sicherheit zu Entwickeln. Auch das Autofahren kann mit gesenkten Schultern deutlich entspannter werden.

Meditationstraining ist so hart wie möglich zu trainieren sich zurück zu lehnen! Aber so hart wie möglich musst du trainieren dich zurück zu lehnen!

Lean Back: erzeugt Wohlbefinden. (Der Original Song Lean Back ist von Fat Joe. Es gibt aber auch andere gute Remixe von dem Song die Fat Joe unter anderem mit Eminem, 2Pac und 50 Cent aufgenommen hat. Du findest sie natürlich auch bei Youtube. Übrigens Neil Strauss hatte ursprünglich mal die Idee zu dem Song „Lean Back" für „The Game".)Durch das zurück lehnen fängt man an sich zu entspannen. Durch das zurück lehnen fängst du an dich wohler zu fühlen. Dein Herz erzeugt dabei ein stärkeres Resonanzfeld, indem das Herz mehr elektromagnetische Wellen erzeugt und an die Außenwelt sendet. Vergesse dabei aber nicht dir über den Bauch zu streichen wie Buddha!(Wobei gesunde Menschen sich instinktiv zurück lehnen um zu entspannen und sich wohl zu fühlen.)

Einer meiner wichtigsten Glaubenssätze lautet: **lean back and the frame is back und MBSR (Mindfulnesbasedstressreduction) und das Körpergefühl dabei wahrnehmen**. Dabei kann man dann darauf achten lange durch die Nase ein und vor allem aus zu Atmen um seinen Atem und Herzschlag zu beruhigen. Frauen testen oft das Frame von Männern, ob du wirklich dich nur zurücklehnst oder dich im Gespräch anfängst nach vorne zu beugen. Meistens sind es aber die Frauen die einen vielen Größen Wunsch haben einen Freund zu haben oder sie wollen das andere Männer sie sexy finden.

Eine gerade Haltung wirkt nicht nur selbstbewusster, sondern man fühlt sich auch selbstbewusster. Dies gilt nicht nur für Meditationen, sondern auch für Konversationen (Quelle: Psychologin und Expertin für Körpersprache Monika Matschnig). Mich hat meine Mutter auch immer zu einer geraden Haltung ermahnt. Jetzt achte ich selber drauf!

Als Übung achte drauf: Wie wirst du in der Öffentlichkeit wahrgenommen wenn deine Herzschlag sehr hoch ist und du kurzatmig bist?

Und wie wirst du wahrgenommen bei ruhigem Herzschlag und langsamer Atmung in sich ruhend, das Körpergefühl wahrnehmen, das spüren des Stuhls, den Boden wahrnehmen und sich dabei zurück lehnst (dein Frame auch durchziehst).

Durch diese Übung merkst du ziemlich schnell wie sich die Wahrnehmung anderer Menschen ändert nur aufgrund von Kurzatmigkeit und einem erhöhten Puls!

Wenn ich psychotische Gedanken habe hilft mir das Lied die Gedanken sind frei zum entspannen. (Youtube: BADEN SINGT! Badischer Jugendchor – Die Gedanken sind frei; aufgenommen wurde das Lied bei dem Event BADEN SINGT bei einem Auftritt in einer Kirche.) Laut Dr. Ulrich Strunz erleben Dirigenten übrigens am meisten Flow im Beruf.

Braunschweig, den 30.Oktober 2013: Ich bin dankbar, dass Mp3 Player erfunden wurden. So kann ich Musik über meine Kopfhörer hören. Gerade höre ich das Lied die Gedanken sind frei, dass von einem Kirchenchor gesungen wurde. Das Lied entspannt mich und es bringt mich in gute energetische Schwingungen.

<u>Urlaubsgefühle:</u> Ich benutze das Licht einer Energy Light Lampe zum entspannen. Energy Light Lampen haben ein Lichtspektrum das dem der Sonne sehr ähnlich ist.

Die Lampe direkt über mich gelegt ist dann auch genauso hell wie in der Sonne. Ich glaube die Erfahrung hat schon jeder gemacht, dass man in der Sonne besonders gut entspannen kann?! Dazu höre ich dann noch Aufnahmen einer Tropischen Insel. Durch das Wasser Geplätscher und das Vogel Gezwitscher fühle ich mich dabei wirklich wie im Urlaub.

Um Abzuschalten ist meditieren sehr effektive. Die Gehirnforschung hat bereits die positiven Wirkungen des Meditieren erforscht. In der Schule von morgen wird das Meditieren im Sportunterricht gelehrt.

Achtsamkeitsübung:

Ich habe mir für euch auch eine Achtsamkeitsübung ausgedacht. Ihr könnt sie ja mal durchlesen und wenn ihr Lust habt mal ausprobieren:

Studie: Wie wirkt sich langes Haar waschen auf die Psyche aus in Bezug auf MBSR (Mindfullnessbasedstressreduction) und Achtsamkeit?

Achte darauf: Wie wirkt sich langes Haarwaschen auf die Psyche aus?

Protokoll:

Tag 1: Langes Haarwaschen bringt meine Gedanken unter Kontrolle. Es ist somit eine sehr gute Achtsamkeitsübung. Ich spüre dabei meine Hände und fühle meine Haare und ich nehme meinen Kopf dabei wahr. Es ist also etwas sehr praktisches wodurch ich merke das ich in meiner Realität zu Hause bin. Ich komme dabei ganz im Hier und Jetzt an. Beim einseifen meines Körpers mit Waschlotion spüre ich meinen Körper und führe den Bodyscan durch. Ich spüre die warme Dusche auf meiner Haut und es ist ein sehr angenehmes Gefühl. Es verbessert auch meine Körperwahrnehmung.
Dann kommt die Wechseldusche mit HalloWachEffekt genauso stark wie eine halbe Tasse Kaffee. Und anschließend creme ich mich mit Bodylotion ein und führe dabei noch mal den Bodyscan durch.

Tag 2: Ich habe meine Haare gründlich mit Haarshampoo eingeseift. Dann habe ich meinen Kopf abgeklopft mit direkter Wirkung auf das Gehirn (Adrenalin macht wach!). Anschließend habe ich lange meine Kopfhaut einmassiert. Es ist ein total gutes, super Achtsamkeitstraining. Ich werde dabei wirklich total Achtsam und ich komme ich Hier und Jetzt an: Nackt unter der Dusche genauso wie Gott den Menschen erschaffen hat. Ich spüre die warme Dusche auf meiner Haut. Besonders nehme ich meinen Körper wahr nachdem ich ihn mit Waschlotion eingeseift habe. Und dann massiere ich meine Kopfhaut immer weiter ein mit dem Haarshampoo und so langsam würde ich sagen das ganze hat einen Placeboeffekt. Danach kommt die Wechseldusche mit HalloWachEffekt der mindestens so stark wirkt wie eine halbe

Tasse Kaffee. Bei der kalten Dusche führe ich jetzt auch den Bodyscan durch während ich langsam mit der kalten Dusche alle Körperteile abdusche. Und dann das ganze nochmal mit warmen Wasser und nochmal mit kaltem Wasser. Und anschließend habe ich gedacht so viel Flow habe ich noch nie beim Duschen erlebt.

Tag 3: Das Gefühl vom Morgendlichen Stress geht weg während ich mir bewusst die Zeit für eine lange Haarwäsche nehme. Ich bin mir selber wertvoll und ich nehme mir bewusst die Zeit die ich zum Duschen benötige um mich wohl zu fühlen. Anschließend fühle ich mich deutlich munterer (auch durch die Wechseldusche) und ich fühle mich wohler weil ich frisch geduscht bin und kein fettiges Haar mehr habe.

Tag 4: Ich habe wieder erst einmal mein Haar gründlich mit Haarshmampo eingeseift. Dann habe ich lange und ausgiebig meine Kopfhaut einmassiert. Es hat einen total positiven Effekt auf meine Achtsamkeit. Ich würde sagen es hat auch schon einen Placeboeffekt der sich positive auf die Energien auswirkt die ich spüre. Mit der warmen Brause den Bodyscan durchzuführen hat einen total positiven Effekt auf mein Wohlbefinden. Dann habe ich noch ein zweites mal mein Haargewaschen und wieder ausgiebig meine Kopfhaut massiert. Dabei hatte ich das Gefühl, dass ich durch die praktische Übung meine Gedanken vollständig unter Kontrolle gebracht habe "full control of mind". Die Wechseldusche tat wieder sehr gut. Besonders das kalte Wasser über die Füße fließen zu lassen. Anschließend habe ich mir noch einen zweiten Bodyscan mit Bodylotion gegönnt. Die Creme fühlt sich sehr angenehm auf meiner Haut an.

Tag 5: Heute beim Duschen konnte ich total gut entspannen . Heute am Samstag habe ich erst spät geduscht. Vorher war ich etwas gestresst, weil mein Computer ständig abgestürzt ist und ich unter Zeitdruck war. Aber durch die Dusche bin ich wieder zur mir selber gekommen. Ich konnte dabei entspannen und ich habe gemerkt wie negative (angestaute) Energien im Solarplexus Bereich sich gelöst haben. Ich bin wieder durch die lange Haarwäsche und das ausgiebige massieren meiner Kopfhaut in der Gegenwart angekommen. Das ganze hat auf jeden Fall immer noch einen Placeboeffekt. Vor allem auch weil ich mir bewusst die Zeit nehme und die Achtsamkeitsübung sehr praktisch ist. Mit der warmen Duschbrause habe ich auch meinem Rücken massiert.So richtig fit und munter bin ich erst wieder durch die Wechseldusche geworden und jetzt habe ich auch meine Füße mit kaltem Wasser gründlich abgespült. Nach dieser angenehmen Dusche fühle ich mich jetzt deutlich besser.

Tag 6: Heute morgen vor der Dusche habe ich an ein ernsthaften Problem gedacht, dass mich gleich heute morgen beim aufwachen beschäftigt hat. Ich habe schon heute morgen direkt nach dem aufstehen alle nötigen Schritte eingeleitet um das Problem zu beheben, bzw. aufgeschrieben. Es ging um eine Einstellung meiner ganzen finanziellen Zahlungen Abbsofort wirksam.
Und wie hat sich nun das lange Haare waschen in Bezug auf MBSR und Achtsamkeit ausgewirkt? Also die Erfahrung war folgende:
Ich habe den Rest Shampoo aus meiner Flasche genommen (das 100% Kokosshampoo das ich gestern gekauft habe, hatte ich erst nicht gefunden). Mit dem

Rest Shampoo aus meiner alten Packung habe ich erst wie immer gründlich meine Haare und Kopfhaut einmassiert. Dabei bin ich erst immer achtsamer geworden. Dann habe ich an das Achtsamkeitstraining von Jon KabatZinn (MBSR) gedacht und meine Konzentration auf meinen Atem gelenkt und lange ein und ausgeatmet. Dabei habe ich jetzt auch langsam angefangen die Luft zu spüren die meinen ganzen Körper und mich umgibt. Dabei bin ich in der Gegenwart in dieser Zeit im Hier und Jetzt angekommen. Dann kam ich mir wie eine Wahrsagerin vor die mit den Händen ihre Kugel streicht um ihn die Zukunft zu blicken während ich mit meinen Händen meine Haare und Kopfhaut massiert habe. Nur das mein Blick sich dabei von der Zukunft auf die Gegenwart gelenkt hat. Interessant wahr was dann so passiert während ich meine Haare und Kopfhaut gründlich massiere: Die Ängste nehme ich dabei auch wahr. Nur das ich mich jetzt nicht mehr der Situation ausgeliefert fühle, sondern das Gefühl bekomme ich habe es unter Kontrolle da ich Einfluss auf die Situation nehmen kann. Dann kam wieder die Wechseldusche mit Hallo-Wach-Effekt der genauso stark wirkt wie eine halbe Tasse Kaffee. Dabei habe ich jetzt auch alle meine Zehen inklusive meiner beiden großen Zehen mit kaltem Wasser abgespült. Und ich habe gemerkt das ich mit meiner warmen Dusche meine Fußsohlen sehr gut massieren kann. Nach der erneuten kalten Dusche (stark wie Kaffee) hat sich mein Wohlbefinden wieder total gesteigert. Und ich dachte great, just great!

Tag 7: Ich habe beim Duschen meine Haare mit Shampoo gründlich eingeschäumt. Während ich mit geschlossen Augen die Haare gewaschen habe, habe ich die Luft und Lichtenergien (Chi) gespürt die mich umgibt und wie die Luft und Lichtenergien auf mein geschlossenes Auge getroffen sind. Während ich ausgiebig und zeitintensive meine Kopfhaut beim Haarwaschen einmassiert habe, haben sich meine Verspannungen gelöst. Es hat auf jeden Fall immer noch einen Placeboeffekt. Erst haben sich Verspannungen im Nacken und Schulterbereich gelöst. Durch das lösen der Verspannungen hat sich auch wieder der Energiefluss der Wirbelsäule verbessert. Danach habe ich Kopfschmerzen wahrgenommen und direkt danach sind sie weggegangen und haben sich gelöst. Meine Füße habe ich diesmal auch gründlich mit 100% Kokosmilch gewaschen. Es war total wohltuend die warme Brause auf meiner Haut zu spüren. Diesmal hab ich mit meiner Brause auch den Schulter und Nackenbereich massiert und ich habe gemerkt wie sich dabei Verspannungen gelöst haben. Anschließend kam wieder die Wechseldusche mit HalloWachEffekt so stark wie eine halbe Tasse Kaffee. Mit dem kalten Wasser den Bodyscan durchzuführen war sehr belebend. Nach der kalten Dusche habe ich beim abspülen mit warmen Wasser gemerkt wie das Blut wieder meine Haut durchströmt. Bei der anschließenden kalten Dusche habe ich auch mein Füße von oben und die Fußsohle mit kaltem Wasser geschockt was sehr belebend war. Jetzt anschließend nehme ich die Luft und Lichtenergien (Chi) die mich umgeben viel besser wahr und ich bin total im Hier und Jetzt angekommen.

4.3 Ekstase bei der Sexualität

Früher dachte ich Selbstbefriedigung sei verboten. Aber in echt verbieten Eltern meistens die Selbstbefriedigung nicht, sondern sie ignorieren es einfach komplett. So regieren sie jedenfalls instinktiv. Eigentlich ist Sex ja auch ein Tabu Thema. Aber weil ich in meiner Jugend die Bücher so gut fand, in denen etwas über Sex stand möchte ich dieses Thema hier auch kurz anschneiden. Ich habe gegen meinen Sexualtrieb angekämpft. Er war aber so stark, dass ich mich trotzdem häufig selbst befriedigt habe. Ich war schon fast Sexsüchtig. Seit dem ich Selbstbefriedigung für etwas Schönes halte geht es mir deutlich besser. Übrigens der Psychoanalytiker Sigmund Freud (1856 – 1939) hat nicht nur Kokain geschnuppert, sondern war auch noch der erste der Masturbieren als positive bewertet hat. Inzwischen hat sich mein Bedürfnis nach Sex etwas reduziert. Ich hatte auch schon One Night Stands (meistens mit Nutten) und ich war ein Jahr in einer Partnerschaft.

Es faszinierte mich in Dan Browns Bestseller Sakrileg (The Da Vinci Code) über die Religion Hieros Gamos zu lesen. Die Vereinigung von Göttern bezeichnen antike Religionen als Hieros Gamos (griechisch: die heilige Hochzeit).[11] Zum Neujahrsanfang vollzog sich der religiöse Akt Hieros Gamos. Auf dem Altar kam es zur geschlechtlichen Vereinigung des Fürsten (Repräsentant des Gottes) und der höchsten Priesterin (Repräsentantin der Göttin). Es wird durch Sex gebetet.

Während einer texanischen Umfrage (Quelle: Kahnema et al. 2004) gaben Frauen ihre täglichen Beschäftigungen an und bewerteten sie. An erster Stelle liegt (Safer) Sex.[12] Der Höhepunkt im Geschlechtsverkehr ist der **Orgasmus**. Dabei erlebt das Paar eine intensive Ekstase. Der Orgasmus des Mannes unterscheidet sich von dem der Frau. Evolutions bedingt hat der Mann seinen Höhepunkt kurz vor der Erektion, denn durch die Erektion pflanzt er sich fort. Die stärke des **Orgasmus** bei der Frau liegt hingegen an dem Vertrauen zum Partner.[25] Für die Frau und den Nachwuchs war es Überlebens wichtig, dass der Vater sich um sie kümmerte.

Bei Vertrauen wird der bindende Botenstoff Oxytocin durch die zärtlichen Berührungen im Gehirn gebildet. Bei dem Mann wird das Oxytocin auch beim Masturbieren gebildet.[5] Bei der Frau hängt die empfundene Stärke des **Orgasmus** sogar von der Menge des gebildeten Oxytocin ab.

Bei dem Mann ist das Belohnungssystem während des Orgasmus sehr aktiv. Die Intensität des Lustempfindens ist vergleichbar mit der Wirkung von Heroin und Kokain. (In echt wirken Kokain und Heroin viel stärker als Sex, deshalb sind Drogen so gefährlich. Dies gilt leider auch schon für Alkohol bei einem mittelmäßigen Alkohol Konsum auf einer Party.[67] Durch den hohen Alkohol Konsum wächst das Ego oft und man fühlt sich sehr groß, aber in echt wirkt man total verballert und kann nicht mal mehr klar denken oder gerade gehen.) Der Hormoncocktail durch Sex ist ideal zum Einschlafen. Männer wollen nach dem Sex auch am liebsten Schlafen, weil sich ihr Testosteronspiegel gesenkt hat.[25] Aber langfristig steigert Sex die Testosteron Produktion von Männern. Dies wiederum erhöht dann auch die Potenz.

Der Papst hat aus biologischer Sicht unrecht, dass Sex nur der Fortpflanzung dient.[37] Wie bereits erwähnt wird beim Sex bei Mann und Frau der Botenstoff Oxytocin ausgeschüttet. Dieser Botenstoff sorgt für Vertrauen in der Beziehung und bindet das Liebespaar. Guter Sex in der Beziehung fördert die Treue und sorgt somit für ein langes Bestehen. Zudem ist Sex eins der schönsten Dinge. Auch wird beim Sex sehr viel Flow erlebt. Es kommt häufig schon zu einer Ekstase kurz vor dem Höhepunkt. Genies sind sexuell sehr aktive Menschen heißt es in dem Buch „Denke nach und werde reich" von Napolleon Hill.[63] Als Beispiele aus der Geschichte listet Napolleon Hill auch einige Genies auf: Julius Cäsar, Augustinus, Michalangelo Buonarroth, William Shakespeare, Johann Wolfgang Goethe, George Washington, Napoleon Bonaparte und Charlie Chaplin, Bertholt Brecht und Pablo Picasso. Ein sexuell aktives Leben ist wohl das wichtigste für die Psyche und die Gesundheit. „Die Sexualenergie ist die „Muse" die treibende und inspirierende Kraft aller wirklich schöpferischen Menschen."[63] Gott sei dank, dass die Politik in Deutschland die Prostitution legalisiert hat. Sehr gut für die Volkswirtschaft. Aus biologischer Sicht zählt bei der Partnerwahl das aussehen der Frau und das Einkommen des Mannes auch am meisten. Wissen ist auch macht: „Von dem Buch denke nach und werde reich" haben auch Universitäten und die Forschung profitiert. (Aber Vorsicht: Der ständige Gedanke an Geld kann einsam machen!) Bevor du dir nur Pornos ansiehst und nur vor dem Bildschirm hockst wäre es ja mal eine Überlegung wert 50 Euro in ein schönes Erlebnis zu investieren. Oder kaufe die lieber für 30.000€ irgend ein teures Auto um anzugeben und dann den Wagen in einem Unfall zu Schrott zu fahren.

Jugendliche die Selbstbefriedung positive Bewerten sitzen genauso Breitbeinig in der Disco. Aber Vorsichtich durch Alkohl in verdindung mit Porno kannst du eine Porno-Pusy-Persönlichkeit bekommen. Das kommst du nur wieder raus, indem du Schwul wirst oder aufhörst Alkohol zu trinken. Gerade in der kalten Jahreszeit ist Sex ein guter Schutz vor Erkältungen.[25] Durch den Sex werden die Imunglobulin Antikörper vermehrt. Sie schützen vor Atemwegsinfekten. Optimal wird das Immunsystem bei zweimal wöchentlichem Geschlechtsverkehr gestärkt.Sexuelle Enthaltung macht Impotent!

4.4 Mit allen Sinnen Essen

Es gibt eine Gegenbewegung zum Fast Food. Sie heißt Slow Food. Ziel der Bewegung ist es sich Zeit für eine genussvolle Mahlzeit zu nehmen. Weil Essen überlebensnotwendig ist, wird beim Essen auch das Belohnungssystem aktiviert. Es motiviert den Menschen Nahrung aufzunehmen.
Ich erinnere mich bei jeder Mahlzeit intensive das Essen zu schmecken. Dabei kann ich leckeres Essen richtig **genießen**. (Ein Tipp ist es das Essen schön auf einem Teller anzurichten, da das Auge auch mit isst.) **Ich wende die Mindfullness based-stress reduction (MBSR) Technik auch beim essen an, indem ich intensive den Geschmack wahr nehme und lange kaue um den Geschmack noch intensiver wahr zu nehmen! Anschließend wirst du denken dafür hat sich das lesen der ganzen Lektüre schon gelohnt!** Ich habe das Gefühl dann sogar in dem Moment mehr von meinen Tischnachbarn gemocht zu werden.
Heute Mittag gab es ein leckeres Essen. Es gab Fisch, Spinat und Kartoffeln. Den Spinat wünschte ich mir. Es schmeckte köstlich. Beim Essen konnten Oma und ich uns gut Unterhalten.

Eine ausgewogene Ernährung ist wichtig für die Gesundheit. Durch das Joggen wird die somatische Intelligenz aktiviert. Sie sagt dir, welche Nahrungsmittel wichtige Nährstoffe für dich haben. Deshalb kaufen Ausdauersportler immer für sich gesunde Lebensmittel ein.

Es gibt sogar Futter für das Gehirn.[34] Doch die Wirkung der Ernährung auf das Gedächtnis wird häufig unterschätzt. Erst jüngste Studien zeigen die hohe Wirkung der Nahrung auf das Gehirn. Fleisch, Fruchtsaft und Rüben sind ein Balsam für das Gehirn. Besonders stärkt aber (Meeres) Fisch die Geisteskraft. In dem Meeresfisch stecken viele Omega3Fettsäuren und alle essentiellen Aminosäuren (Eiweiß). Sehr selten ist die Aminosäure Tryptophan in der Natur. Sie kommt in großen Mengen in Thunfisch vor. Aber auch in guten Eiweißdrinks. Aus Tryptophan bastelt das Gehirn den guten Laune Botenstoff Serotonin. Genau diesen Botenstoff vermehren Antidepressiva. Aber auch durch die erhöhte Einnahme von Tryptophan erhöhen sich die Serotonin Botenstoffe im Gehirn. In einer Studie gaben Versuchspersonen an besser gelaunt zu sein, wenn sie vorher Tryptophan haltige Lebensmittel aßen! Durch den Botenstoff Serotonin sind Menschen zufriedener. Dadurch können sie mehr Flow erleben, denn sie sind nicht ständig damit Beschäftigt über ihre Probleme nach zu denken.

(Auszug aus dem Forever Young Fanclub bei studivz:)

Sven Marbach schrieb am
24.07.2009 um 23:43 Uhr

Hallo!
Habt ihr schon mal einen Forever-Young-Drink getrunken? Ich habe heute den Blaubeer Soja Shake ausprobiet. Es ist sehr lecker! Durch den Drink hatte ich auf einmal richtig viel Energie!
In dem Buch "meine besten fitness rezepte" stehen noch 12 weiter Forever-Young-Drink Rezepte drinnen. Ich werde sie auch noch mal ausprobieren.
Überhaupt das Buch "meine besten fitness rezepte" ist sehr zu empfehlen. Ich habe schon andere Rezepte ausprobiert. Die Mahlzeiten waren alle sehr lecker. Zudem hat das Buch meine Lust am Kochen geweckt.

[Eintrag bearbeiten]

Mit einem Trick gelangt das Tryptophan ganz einfach in das Gehirn und kann dort zu Serotonin (der Froh und Zufrieden Macher) gebildet werden.[1] Nach einer Stunde entscheidet die Leber ob die zerlegte Aminosäure Tryptophan in den Muskel oder das Gehirn soll.

Insgesamt konkurrieren 7 Aminosäuren um in das Gehirn zu gelangen. Indem du eine Stunde nach deiner Mahlzeit etwas Süßes ist erhöhst du deinen Insulinspiegel. Das verdrängt die anderen Aminosäuren. Tryptophan bleibt übrig und gelangt ungehindert in das Gehirn. Der Vorgang mag manchem Leser zu simple erscheinen. Ich habe dem Autor Dr. Ulrich Strunz nach der Wahrheit seiner Aussage gefragt. Er antwortete, die Methode sei in allen Biologielehrbüchern zu finden. Und das Wissen lernen Studenten bereits im ersten Semester Biologie. Ich habe eine Bestätigung des Wissens tatsächlich bei Wikipedia gefunden.[36] Ich wendete das Wissen auch an. Dazu stelle ich den Timer in meiner Uhr auf eine Stunde. Beim klingeln meiner Uhr esse ich 15 Gummibären. Durch den Zucker steigt der Insulinspiegel, dadurch gelangt das Tryptophan ins Gehirn.

Damit noch mehr Tryptophan in Serotonin umgewandelt wird mache ich danach gerne eine Lachmeditation. Danach strahle ich richtig! Menschen mit einem hohen Serotoninspiegel sind nicht nur zufriedener, sondern haben auch mehr Durchsetzungsvermögen.

Das gleiche Prinzip lässt sich auch als Schlafmedizin verwenden. Nachts wird nämlich nicht aus Tryptophan Serotonin gebildet, sondern Melatonin. Melatonin sorgt für einen erholsamen Schlaf. Vielleicht hast du schon mal Milch mit Honig zu Einschlafen getrunken. Dies wirkt genauso, durch das Tryptophan in der Milch. Aber Thunfisch und Eiweißdrinks haben einen noch viel höheren Tryptophan Wert. Tryptophan lässt sich auch hoch dosiert als einzelne Aminosäure kaufen, sogar zu einem recht günstigen Preis. Inzwischen gibt es sogar Melatonin direkt in Kapsel Form zu kaufen.

Ich nehme abends immer 2100mg Tryptophan zu mir mit der letzten Mahlzeit vor dem Schlafen. Durch die Dunkelheit wird das Tryptophan dann in Melatonin umgewandelt. Gerne esse ich vor dem schlafen noch etwas Edelbitterschokolade. Dadurch wird auch etwas Tryptophan in Serotonin umgewandelt. Dieser Botenstoff gibt ein Gefühl der Zufriedenheit und Gelassenheit. Das Melatonin entspannt mich dann auch und es verbessert meine Schlafqualität.

Ein Bekannter von mir konnte seit längerer Zeit nicht mehr schlafen. Ich gab ihm unter anderem diesen Tipp zum Einschlafen. Er antwortete mir später mit folgender E Mail:

ja danke !

kann wieder schlafen !

Steh jetzt täglich um 5.30 auf dadurch bin ich automatisch am abend müde

ps:hab mir das mentalprogram von strunz bestellt, habe jetzt mit Qi gong begonen das tud auch sehr gut jonglieren schaf ich schon einen durchgang

lg berni

(Leider ist das mentalprorgamm nicht mehr erhältlich. Es hat aber bereits einen Sammlerwert und der Preis hat sich verdreifacht. Nur noch das Praxis Mentalprogramm ist noch als EBook erhältlich.)

Der Bestandteil DHA von Omega3Fettsäuren kommt in großer Anzahl in den Membranen des Gehirns vor. Dort ist er an der Übermittlung der Signale beteiligt, da die Myelinschicht der Synapsen (Datenautobahnen im Gehirn) aus Omega3 Fettsäuren besteht. DHA kann der Körper nicht selbst herstellen, er muss durch die Nahrung zugefügt werden. Heutige Forscher gehen sogar davon aus, dass sich das Gehirn des heutigen Menschen erst durch DHA entwickelt hat. Ein Mangel hat fatale Folgen wie: Aufmerksamkeitsstörungen, Demenz, Rechtschreibschwäche und auch Schizophrenie. Kulturen seien sogar durch die Ernährungsgewohnheiten geprägt. Als in den letzten Jahrhunderten der Konsum von Omega 3 in Deutschland zurückging, stieg die Anzahl der Depressionen dramatisch an. Während in Japan Fisch das Nationalgericht ist und Krankhafte Trübheit selten ist. Früher dachte man Studentenfutter ist auch so gesund, weil sich in den Walnüssen sich viele Omega3 Fettsäuren befinden. Aber der Körper kann Omega 3 aus pflanzlichen Quellen wie Nüsse oder Margarine nur zu einem ganz geringen Prozentsatz (ca. 5%) aufnehmen. Nur Omega 3 Fette aus Fischen und Fischölkapseln kann der menschliche Organismus gut verwerten. Studentenfutter ist aber dennoch gesund, da sich in Nüssen und Rosinen auch viele andere gesunde Inhaltsstoffe und Antioxidantien befinden. Ich esse oft und gerne Wildlachfilet und Heringe um mich mit meinem Bedarf an Omega 3 zu decken. Zudem nehmen wir alle in meiner Familie zusätzliche Omega 3 Kapseln ein zu jeder Mahlzeit.

Es gibt Studien in denen Omega3 statt Psychopharmaka zur Behandlung von Psychosen und Schizophrenie „HochrisikoJugendlichen" gegeben wurde.[61] Einer der führenden Spezialisten auf diesem Gebiet ist der Australier Professor Pat Mc Gorry von der Unisversität Melbourne. (Er wurde erst vor kurzem zum „Australier des Jahres" gewählt.) Sein Kollege Professor Ammiger hatte als erstes die Idee einen Zusammenhang zwischen Omega 3 und Schizophrenie zu untersuchen. Er erhielt dafür aber zunächst nur lauter Gelächter von seinen Kollegen. Professor Ammiger führte dennoch eine Studie durch um den Zusammenhang zwischen Omega 3 und Psychosen (bzw. Schizophrenie) zu untersuchen. 80 Hochrisiko gefährdete Jugendliche nahmen an der Studie teil. 40 Jugendliche erhielten 3 Monate lang jeden Tag 4 Fischölkapseln und die anderen 40 Jugendlichen jeweils nur ein Placebo. Nach den drei Monaten hatten von den HochrisikoJugendlichen die eine Fischölkapsel erhielten 2 Jugendliche eine Psychose bekommen. Dazu im

Vergleich hatten von den Jugendlichen die nur ein Placebo erhielten gleich 11 Jugendliche eine Psychose bekommen. Also im Ergebnis ein Verhältnis von 2 zu 11! Ohne diese Studie hätte man alle 80 HochrisikoJugendlichen gleich mit Neuroleptikern behandelt. Durch spätere Nachuntersuchungen kam heraus, dass der Schutz durch Fischölkapseln sogar auch noch nach 12 Monaten angehalten hatte. Omega 3 ist halt die ein zigste Fettsäure aus der Natur die essentiell für das menschliche Gehirn ist. Wobei Omega3Fettsäuren auch bekannter Massen den schädlichen LDL Cholesterin senkt und gleichzeitig sich die HDLWerte erhöhen. 43

Rotwein, und Beeren haben viele Antioxidantien. Sie schützen Synapsen. Dadurch können Erinnerungen länger im Gehirn gespeichert werden. Schizophrene Menschen haben besonders viel oxidativen Stress.[12] Für sie ist eine Versorgung von genügend Antioxidantien also sehr wichtig. Ich habe das Buch Krebszellen mögen keine Himbeeren studiert um die Lebensmittel mit der stärksten Antioxidativen Wirkung zu finden.

Sehr gerne trinke ich Grünen Tee, denn er beinhaltet auch viele Antioxidantien. Aus dem Buch Krebszellen mögen keine Himbeeren habe ich gelernt, dass sich die Polyphenole aus dem Grünen Tee erst lösen, wenn er mindestens 10 Minuten gezogen hat. (Der Grüne Tee wird dadurch zwar bitter, aber den bitteren Geschmack machen die sehr gesunden EGCG Moleküle aus.)Der beste Grüne Tee den ich kenne ist der von der Teekampagne. Die Qualität eines Grünen Tees entspricht dem Gehalt der EGCG Moleküle. Der Grüne Darjeling von der Teekampagne aus Indien hat den höchsten Gehalt an EGCG Molekülen von allen Sorten. Er ist auch aus biologischen Anbau. Und das ganze noch bei einem unschlagbar günstigen Preis. Die Teekampagne war mal ein Projekt von Studenten an einer Universität. Daher kommt der günstige aber für die Bauern in Indien faire Preis zustande.

Der Grüne Tee Smoothie (mein Zaubertrank):

(Link zu meiner Rezept Anleitung bei Youtube mit wissenswerten Links zu allen Inhaltsstoffen)

Im Gegensatz zu Alkohol steigert dieser sehr gesunde Smoothie mit wirklich hochwertigen Zutaten die Testosteronproduktion!

Der Grüne Tee Smoothie ist sehr lecker! Er kommt auch gut ohne Alkohol aus! Die Zutatenliste ist sehr lang. Kaufe am beten alle Zutaten in einem (großen) Bioladen oder in einem Reformhaus. Zur Not kannst du die Zutaten bei einem Onlineversand wie Amazon bestellen. (Anstelle von Sandornsaft und Acerolasaft kann auch Orangensaft verwendet werden.)

<u>Benötigt werden noch an Haushaltsgeräten:</u> Ein Trichter, ein Sieb, eine Haushahaltsreibe, ein Gefrierschrank, Wasserkocher, 3 lehre und ausgespülte 1 Liter Flaschen und ein Messbecher
<u>Vorbereitung 1 Tag zuvor:</u> Die Zitrone sollte aus biologischen Anbau sein, damit sie nicht gespritzt ist. Wasche sie trotzdem ab und packe sie bereits ein Tag vorher in die Tiefkühltruhe, damit sie dann gefroren ist.

Zubereitung Zeit ca. 20 Minuten

Bringe 600 ml Wasser zu kochen. Fülle es in 3 Becher und lasse es 1 Minute abkühlen. Nach einer Minute hat das Wasser erfahrungsgemäß (ich messe mit einem Thermometer) bereits 80 Grad. Tue in jeden Becher zwei Esslöffel Grünen Tee. Er sollte mindestens 10 Minuten ziehen, damit sich alle gesunden Inhaltsstoffe lösen. (Damit das Getränk nicht so bitter ist kommt dann noch Stevia dazu.) In der zwischen Zeit kannst du die Zitrone mit der Haushaltsraspel zerkleinern. Nehme dir dazu ein Küchentuch für deine Hände als Schutz vor der Kälte. Die ganze Zitrone klein zu reiben dauert schon an die 3 Minuten und es ist etwas mühsam. Aber es lohnt sich, denn in der Zitronenschale sind auch noch mal deutlich mehr Vitamine enthalten als im Fruchtfleisch (5-10 mal so viele). Ok jetzt jetzt nach 10min - 15min hat der Grüne Tee lange genug gezogen. Tue den Trichter in eine lehre und ausgespülte Flasche. Benutze das Sieb und gieße je einen Becher Grünen Tee in eine Flasche. Tue dann 2 TL Stevia in den Trichter, 1TL Zimt und 1Tl Ingwer, 2 Packungen Magnesiumcitrat a 300mg. Fülle auch 1/3 von der klein geraspelten Zitrone dazu. Es passt vielleicht nicht durch den Trichter. Nehme den Stil von einem kleinen Löffel und stopfe nach, damit das ganze Pulver und die Zitronenschalen in die Flasche kommen. Benutze jetzt den Messbecher und fühle zuerst 100ml Sanddornsaft ab. Gieße den Saft in den Trichter. Jetzt kommen dazu 100ml Aroniabeerensaft, 100ml Acerolasaft, 250ml Grapefruitsaft und 250ml Apfelsaft. Verschließe die Flasche mit dem Deckel und schüttle die Flasche. Anschließend kannst du den Grüne Tee Smoothie schon einmal probieren. Wiederhole das ganze noch mal mit den beiden anderen Flaschen. Dieses Getränk hat echtes Suchpotential, obwohl es ohne Alkohol, künstliche Zusatzstoffe, Zucker und sonstige ungesunden Inhaltsstoffe auskommt!

Das Vitamin C senkt zudem den Kortisol Stress. Wie bereits erwähnt ist er bei mir chronisch hoch, deshalb nehme ich auch noch täglich 600mg Magnesiumcitrat. Magnesium ist der Gegenspieler des Hilflosigkeitsstresses Kortisol, deshalb entspannt es auch sehr. Bei gleichzeitigen Sport erhöht das Magnesium die Zellkraftwerke (Mitochondrien). In ihnen wird der Stress auch abgebaut. Magnesium erhöht auch die Testosteron Produktion und die Potenz. Gerne tue ich auch ein Beutel mit 300mg Magnesiumcitrat in meinen Grünen Tee oder eine Trinkampulle.

Leckeres Rüherei mit 5 Kräutern:

Während andere Menschen morgens routinemäßig ein Müsli zubereiten gibt es bei mir jeden morgen Rüherei zum Frühstück. Neuere Stuiden haben eindeutig gezeigt, dass im Ei enthaltene Cholesterin ist ganz wichtig für die Muskeln und die entstehung von Testosteron. Cholesterin ist eine der ganz wichtigen Substanzen die der Körper zu Herstellung von Testosteron benötigt. Wer nun keiner Hühner im Stall

hat kann auf die Bio Eier im Supermarkt zurück greifen. Übrigens ist der Bestandteil der hochwertigen Inhaltsstofe aus Bio Eiern deutlich höher. Der Grund dafür ist vermutlich, dass die Hühner aus der Biozucht natürliche Nahrung zu sich nehmen.

Dazu gibt es 5 Kräuter mit positiver Wirkung auf das Immunsystem und die Psyche. Gerade das Kurcuma hat sehr wertvolle Inhaltsstofe die das Gehirn auch unter Streß funktionieren lassen, aber auch das Knoblauch. Übrigens schmeckt mir auch das Rüherei tatsächlich jeden Morgen gut.

Zudem fehlt es Schizophrenen Menschen häufige an genügend Aminosäuren für die Versorgung des Gehirns.[12] Aus dem Grund habe ich immer eine große Dose Proteinpulver bei mir zu Hause stehen. So kann ich mir immer einen Proteinshake mit Wasser mixen und essen, wenn ich nichts anderes mehr im Hause habe.

Eine andere Studie verglich die Leistung von Schülern. Umso gesünder sich die Schüler ernährten, desto besser waren die schulischen Leistungen. Faktoren wie Einkommen der Eltern, Vorbildung etc. hatte man raus gerechnet. Gott will, dass du nur die gesunden Lebensmittel kaufst, denke mal darüber nach? Ein Wort zur evolutionären Psychologie, ganz viele Menschen fallen auf die Werbung rein oder die künstlichen Suchtstoffe mit der die Lebensmittelindustrie arbeitet. Also ich bereite mir mein Essen immer aus den leck ersten biologischen Zutaten zu, obwohl ich manchmal das Gefühl habe andere Menschen würden mir das nicht gönnen! Aber ich möchte mich halt auch noch so gut ernähren wie die Menschen in der Jung Steinzeit! Ich lebe nach der Paleo Diet (Steinzeit Diät). Das heißt ich esse nur natürliche Lebensmittel aus der Natur (möglichst aus biologischen Anbau oder aus biologischer Zucht) und überhaupt kein Industriemüll oder raffinierten Zucker.

Braunschweig, den 27. Februar 2014: Normale Weiße trinke ich immer den Energy Drinks Red Bull mit Süßstoff. Während ich Red Bull Zero trinke vergleiche ich mich immer gerne mit Alkoholikern und freue mich, dass mein Tag noch voll lang ist. Aber heute habe ich mir ausversehen einen anderen Energydrink gekauft und ich habe nicht beim kauf darauf geachtet, ob in dem Softdrink Zucker oder Süßstoff drinnen ist. So habe ich dann auf einmal 75g Zucker zu mir genommen. Wie schlecht ich mich durch diesen Zucker gefühlt habe. Bei 75g Zucker ist die Insulinausschüttung schon sehr groß. Dies hat mir gerade ein richtig schlechtes Gefühl gegeben. Meine Konzentration ist dadurch auch schlechter geworden und mein Verstand ich nicht mehr so klar. Sonst verzichte ich komplett auf Zucker und Getreide. Dadurch habe ich diese Insulinausschüttung und die Wirkung von dem Zucker gerade so stark gespürt. Dabei kommt mir auch die Frage, wie man freiwillig diese Zucker haltigen Getränke und Süßigkeiten zu sich nehmen kann?

An Amerikanischen Schulen geht der Unterricht bis 15:00 Uhr. In der Mittagspause gibt es dort an den Ganztagsschulen essen zu kaufen. An einer Amerikanischen Schule haben Wissenschaftler eine Studie durchgeführt. In dem Southamton – Kinderversuch verzichtete die Caféteria 14 Tag auf die Beigabe von Zusatzstoffen. In diesen 14 Tagen haben die Schüler sich deutlich ruhiger verhalten. Sie haben sich mehr auf den Unterricht konzentriert und sie haben mit gearbeitet anstelle zu stören. Nach diesem deutlichen positiven Ergebnissen hat man eine ähnliche Studie mit Zwillingen durchgeführt.. Vor der Studie mussten beide Zwillinge einen Intelligentest bei einem Psychologen machen. Die Zwillinge hatten fast identische Ergebnisse. Während der Studie musste das eine Kind komplett auf Junkfood verzichten. Dazu gehören Zusatzstoffe, ENummern, Softdrinks, Chips und Fertigprodukte. Das andere Kind hat sich in der Zeit wie zuvor ernährt. Nach diesen 14 Tagen teste der Psychologe wieder die Intelligenz der beiden Kinder ohne zu Wissen welches Kind auf Junkfood verzichtete. Das Ergebnis brachte einen gravierenden Unterschied zu Tage: Das eine Kind schnitt auf einmal nach diesen 14 Tagen zu 15% besser ab nur durch die Ernährungsumstellung. Dazu kam noch: Die Mutter erzählte das eine Zwillingskind wurde Gesprächiger und es verhielt sich freundlicher. Nach diesem klaren Ergebnis haben anschließen natürlich beide Kinder auf Junkfood verzichtet.

Ein ähnliche Studie wie im Southampton Kinderversuch hat man auch in einem Gefängnis durchgeführt. Dort hatte man auch komplett auf Zusatzstoffe verzichtet. Dieses veränderte auch das Verhalten der Gefängnisinsassen. Die verhielten sich deutlich weniger aggressive und es kam zu deutlich weniger zwischen Fällen innerhalb des Gefängnisses. Also viel klarer kann das Ergebnis nicht ausfallen: Am Essen sollte man nicht sparen und die Wirkung der Ernährung wird ganz häufig unterschätzt!

Es gibt aber auch zufiel des Guten. Regelmäßige Fressataken führen zu Übergewicht. Je mehr Gewicht Versuchspersonen hattten, desto kleiner war das Gehirn. Ich mache gerade „die Neue Diat" von Dr. Ulrich Strunz. um wieder auf mein Idealgewicht zu kommen. Meiner Meinung nach ist „die Neue Diat" von Dr. Ulrich Strunz eine der effektivsten Diäten überhaupt. Abgenommen wird durch eine Kalorienreduktion. In dieser Diät wird auf Kohlenhydrate verzichtet. Statt abends Brot zu essen, verzehre ich einen Eiweißdrink, Obst und Gemüse. Ich habe mit dieser Methode bereits 15 Kilo abgenommen. Durch den Verzehr von 4 Eiweißhaltigen Mahlzeiten während der Diät wie einem Proteinshake bleibt mehr Muskelmasse erhalten. So schmilzt dann wirklich das Körperfett und nicht die Muskelmasse. Bei diesen ganzen anderen fresse die Hälfte Diäten gibt es immer einen JoJo Effekt.

4.5 Lachmeditationen:

Und sogar das Lachen lässt sich durch LachYoga trainieren. Ich lass über die positiven Auswirkungen des Lachens in dem „Mentalprogramm" von Dr. Urich Strunz. Ich wollte es ausprobieren, deshalb kaufte ich mir eine Lach CD. Die Lachmeditationen taten mir sehr gut. Ich merkte, dass ich anschließend die Welt wieder wie ein Kind sah. Ich nahm meine Umgebung bewusster war. Das Lachen war wirklich wie ein Training. In vielen lustigen Situationen fing ich jetzt an zu lachen. Andere Menschen haben bestimmt gedacht, der hat auf einmal Humor bekommen. Während des Lachens lässt das Denken auch nach. Das Gekicher in Lach Clubs regt zum Lachen an. Es ist auch auf CD zu kaufen. Die Lachmeditationen funktionieren übrigens ohne mühsames Training. Selbst anfangs künstliches Lachen führt schnell in heiteres Gelächter (echtes). Und 10 Minuten Lachen wirken in etwa so entspannend wie 30 Minuten Laufen oder Meditieren![23] Durch das Lachen entwickelt man Humor, Kontaktfreude und man wird tolerant anderen Menschen gegenüber.[10] Durch das Lachen werden Killerzellen produziert, wodurch das Immunsystem gestärkt wird. Zudem erhöht sich die Lebensfreude.

Bremen, den 14. September 2007: Das Lachen vor dem Badezimmerspiegel tat mir heute sehr gut. Meine Augenränder reduzierten sich dabei. Mein Gehirn hat während des Lachens viel Serotonin gebildet, denn ich wartete genau eine Stunde nach dem Verzehr einer eiweißhaltigen Mahlzeit.[Während des Lachens bildet das Gehirn auch die Botenstoffe Dopamin und Endorphine werden in Nucleus Accumbens ausgeschüttet.] Klein Schöppenstedt den 14 Juli 2008: Ich hatte aufgehört Lachmeditationen zu machen, weil ich glaube langes Lachen wirke seltsam auf andere Menschen. Dann sah ich mir ein Video von einem Lachclub im Internet an. Die Mitglieder lachten zusammen.

Sie waren herzlich und es war harmonisch. Ich hatte Lust bekommen mit anderen Menschen zu lachen. Leider gibt es kein Lachclub in der Region Braunschweig.

*Ich habe heute Lust bekommen erneut eine Lachmeditation zu machen. Allerdings habe ich die Nase voll von dem künstlichen Lachen auf der Lach CD. Ich suchte nach einem echten Lachflash bei de.youtube.com. Dort fand ich auch einen **Lachflash** von 3 Mädels. Ich lud mir den Sound runter. Dann lachte ich dazu über meinen Mp3 Player. Es tat mir gut richtig gut. Ich fing an mein Zimmer klarer zu sehen. Ich merkte wie Farbe in mein Leben kam. Ich hatte das Gefühl Liebenswert zu sein.*

Beim Lachen nehme ich immer eine heitere Gesichtsgestik an. Die Gesichtsgestik widerspiegelt die Gedanken und Gefühle. Aber auch umgekehrt passen sich die Gedanken der Gesichtsgestik und Körperhaltung an. Wodurch ich nach der Lachmeditation immer fröhliche Gedanken habe. Ich liebe Lachmeditation, weil sie mich immer so glücklich machen ohne das es einen scheinbaren Grund dafür gibt. Es ist fast wie beim Alkohol.

Braunschweig, den 23. Juni 2009: Heute war ich auf einem Lachseminar. Eine Lach Yoga Therapeutin (Heilpraktikerin) leitete das Seminar. Schon vor Beginn des Seminars haben einige Teilnehmer gelacht. Ich hatte erst etwas Hemmungen unter den ganzen fremden Menschen. Aber durch die LachYoga Übungen verschwanden die Hemmungen. Ich fühlte mich richtig wohl in der Gruppe. Ich dachte mir Lach-Yoga ist die beste Therapie gegen soziale Phobie.

Witz: Sag mal nimmst du Drogen? Du wirkst gerade so euphorisch! Nee, ich mache LachYoga.
(selbst ausgedacht)

Ich habe jetzt einen eigenen Lachclub gegründet. Auf meiner Homepage www.lebensgenussimflow.de findest du Infos über meinen Lachclub. Mit mir sind jetzt fünf Mitglieder in meinem Lachclub. Ich freue mich jetzt über jedes Lachen. Leute die gerne Lachen entwickeln ein Ur Vertrauen ähnlich wie bei einer Religion. Am besten ist es dann natürlich Lachen mit Religion zu verbinden, wie es viele Bewegungen in Indien machen. Videos von dieser Bewegung findest du, wenn du bei Youtube folgendes eingibst: laughing club india.

Die Organisation Rote Nasen setzt sich gezielt für das therapeutische Lachen ein. Ich selber spende der Organisation auch jedes Jahr 84€. Ich mache das, weil ich das Lachen und Jonglieren so liebe. Die roten Nasen bilden Clowns aus die in Krankenhäusern Kinder zum lachen zu bringen um sie aufzumuntern. Nähere Infos über die Organisation Rote Nasen findest du auf der Webseite: http://www.rotenasen.de/

Kennst du das, an Trüben und vielleicht auch noch verregnenden Tagen begegnest du nur unfreundlichen Gesichtern. Da war vielleicht noch der eine nette Kollege der dich angelächelt hat. Aber ansonsten wirkten die Menschen heute die dir begegnet sind leicht aggressiv und irgendwie mies drauf. So langsam fängt das ganze an auf deine Stimmung zu drücken und dir fehlen einfach die positiven Emotionen. Dann schaltest du den Fernseher ein und dort geht es auch nur um Mord und Totschlag. In den Nachrichten kamen auch nur schlechten Nachrichten vom heutigen Tag. Deine Erringungen an den letzten Urlaub sind nun auch schon lange her und du fängt dich schon langsam an zu fragen, wo sind all die glücklichen Menschen hin.

Braunschweig, Donnerstag den 24. Oktober: Ich bin dankbar, dass obwohl ich heute sehr vielen unfreundlichen Gesichtern begegnet bin ich mir das Video Bodisvatte in der Metro ansehen konnte. In dem Video fahren Menschen in einem Zug abends durch Ungarn und alle Menschen Blicken antamelos und deprimiert daher. Dann fängt in dem Flash Mob ein Mensch an zu lachen: Alle Werfen dem Schauspieler erst böse Blicke 49 zu. Allmählich lockert sich aber die Anspannung im Raum und die anderen Menschen werden gerade zu vom lachen angesteckt. Auf einmal sind alle viel heiterer. Mir tat es gut die freundlichen lachenden Gesichter in dem Video zu sehen und es gab mir positive Emotionen. Dabei fing ich an mich von dem lachen anzustecken und fange an mit zu lachen. Dabei fange ich an mich wohler zu fühlen. Die Lachmeditationen haben einen sehr positiven Effekt auf meine Achtsamkeit und ich entwickle durch das Lachen mehr das Gefühl akzeptiert zu sein. Anschließend fange ich auch mehr an die freundlichen Menschen wahr zu nehmen. Scheint so etwas wie das La Ola Prinzip zu sein, wodurch ich dann mehr die freundlichen Menschen anziehe.

Auf meiner Webseite findest du auch noch einen guten Witz und Links zu weiteren Witzen und lustigen Videos. Wenn du noch mehr Lachen willst dann mache einfach mal LachYoga! Einen Link zu den LachYoga Übungen findest du auch auf der Webseite http://www.lachverband.org/. Am schönsten ist es natürlich mit Freunden zu lachen. Falls du gerade niemanden findest dann lache mit dem Video bodhisattva in metro. Du findest dieses Video bei Youtube. Ich kombiniere das Lachen oft mit dem Jonglieren wie ein Clown. Ich mache dann die Lachmeditation in einer Jongliere Pause. Anschießend jongliere ich weiter.

4.6 Unterhaltungen (emotionale Intelligenz):

Ich erlebe Flow in Unterhaltungen in denen es zur sozialen Bestätigung kommt. Dabei geht mein Gesprächspartner auf mich ein. Er nimmt mich ernst. Ich bin von seinen positiven Absichten überzeugt. Dadurch kann ich Vertrauen gewinnen. Durch die soziale Bestätigung merke ich etwas wert zu sein. Zusammen kann ich so schöne Zeiten verbringen. Viel unterhalte ich mich mit meinen Eltern und Großeltern. Ich habe eine enge Beziehung zu ihnen. Mit meinen Mitschülern kann ich mich auch unterhalten. Aber ich habe oft Hemmungen. Aus dem Grund habe ich regelmäßige Gespräche mit einem Sozialpädagogen, um da dran zu arbeiten. Inzwischen bin ich auch deutlich selbstbewusster und selbstsicher geworden.
Ich mochte meinen Sozialpädagogen Matthias Hoffmann von der STEB. In der STEB war ich drei Jahre in der Betreuung. Dort wurden auch Freizeitangebote wie Fußball, Badminton, Geo Cashing, Klettern und Schwimmen angeboten. Es war ganz nett sich mit den anderen Klienten in der STEB auszutauschen. Mit einigen war ich dann auch befreundet und ich habe mich privat mit ihnen getroffen. Mit Sebastian aus der STEB hatte ich für einen Marathon trainiert. Im zweiten Jahr bin ich jeden Montag mit dem Sozialpädagogen Clars Wichmann 10km gelaufen. Das tat uns beiden gut. Mit Sebastian war ich dann weiterhin oft laufen und schwimmen gegangen. Sebastian ist immer fast doppelt so schnell wie ich geschwommen. Meinem Betreuer Matthias Hoffmann vertraue ich. Ich habe das Gefühl das er sich in Team Gesprächen auch oft für mich eingesetzt hat. Das gegenseitige Vertrauen ist das wichtigste in der Therapie. Es entscheidet über den Erfolg der Therapie. Während der Therapie war ich dann zum Schluss auch schon 26 Jahre alt. Das Verhältnis zu Herr Hoffmann war nicht nur wie von einem Therapeuten zu einem Klienten. Es war auch eine freundschaftliche Beziehung. Matthias war auch immer am Wochenende joggen gegangen und er hat großen Respekt vor meiner Leistung zweimal den Marathon zu laufen. Für intelligent hielt er mich auch. Auch nach dem die STEB beendet war habe ich noch mehrmals mich mit Herr Hoffmann getroffen. Er hat sich auch gefreut mich zu sehen. Die Gespräche dann mit Herr Hoffmann haben mir viel mehr gebracht als die in meiner neuen Betreuung, da ich einfach auch noch viel mehr Vertrauen zu Matthias Hoffmann habe.

Der Psychologie Professor Martin Brüne meint, die beste Vorsorge gegen psychische Erkrankungen sei ein tragfähiges soziales Netzwerk aus Familie oder Freunden.[27] Von dem einem Glücksbringer kann der Mensch nicht genug haben, das ist in netter Gesellschaft zusammen zu sein, meint hingegen Prof. Manfred Spitzer.[42] Während der Unterhaltung ist die ganze Aufmerksamkeit auf das Gespräch gerichtet. Das konzentrierte Gespräch wird als schön erlebt, genauso wie bei der Konzentration auf eine Tätigkeit im Flow. Während des Gesprächs kann es zu sozialen Bestätigung kommen. Dadurch merken die Gesprächspartner liebenswert zu sein!

Mit Freunden redet man viel über sich selber und über eigene Meinungen. Das Frontalhirn ist sehr aktiv, weil man dabei über sich selber und den Gesprächspartner nachdenkt. Aus dem Grund kann es nicht als Flow bezeichnet werden. Aber es ist sehr wichtig und normal sich während des Gespräches Gedanken über den Gesprächspartner zu machen und sich in ihn hinein zu versetzen. **Aber es bleibt dabei, umso mehr man sich auf das Gespräch konzentriert, desto schöner wird es empfunden!** Bereits durch aufmerksames Zuhören wirkt der Mensch extrovertiert auf seine Mitmenschen und er kann dabei auch Flow erleben! [10]

Während zwei Psychiatrie Aufenthalten habe ich bereits zwei mal bei der Therapie Training Sozialer Kompetenzen mit gemacht. Dort habe ich gelernt es gibt drei unterschiedliche Typen der Verhaltens weißen:

1. selbst sicheres Verhalten (Menschen die gut mit anderen Menschen zurecht kommen)
2. unsicheres Verhalten (meist depressive und schüchterne Menschen mit selbst zweifeln)
3. aggressives Verhalten (Menschen in denen es innerlich brennt, die alles ungerecht finden und sehr viele aggressive Gedanken haben.)

In dem Training sozialer Kompetenzen ging es zunächst einmal darum die unterschiedlichen Verhalten weißen zu identifizieren und einzuschätzen welche der 3. Verhalten weißen auf einen selber zutrifft. Jeder Mensch kann sein Verhalten so verändern, dass es immer selbstsicher wird haben wir in dem Training Sozialer Kompetenzen gelernt. Dabei reicht natürlich nicht reine Theorie. Aber erst ein mal mussten wir alle Teilnehme des Kursus die wichtigsten Rhetorik Basics lernen die das selbstsichere Verhalten auszeichnet. Dazu gehört es zunächst einmal dem Gesprächspartner in die Augen zu gucken und den Blick auszuhalten. Viele Menschen die an einer sozialen Phobie leiden können aufgrund ihrer sozialen Ängste keinen Augenkontakt halten. Es geht erst einmal darum das Gefühl zuzulassen und auszuhalten. Nur so können die Ängste überwunden werden in dem das Gefühl ausgehalten wird und nach einer Zeit merkt der sozial Phobiker das es eigentlich gar nicht so schlimm ist und er dadurch ernster genommen wird.

Menschen mit einer sozialen Phobie werden immer ganz schnell nervös in Situationen in denen nicht alles optimal läuft. Entweder werden sie unsicher und wissen nicht mehr wie sie sich am besten Verhalten sollen. Oder sie werden aggressive und sie verhalten sich dann auch aggressiv. Das Geheimnis ist es in solchen Situationen trotzdem entspannt zu bleiben und zu lernen auf die Situation Einfluss zu nehmen.

Zunächst einmal ist es wichtig wirklich entspannt zu bleiben. Dies gelingt am besten durch Achtsamkeitsraining. Also nehme in solchen Situationen weiterhin dein Körpergefühl wahr und spüre den Boden den deine Füße berühren. Du musst lernen gelassen mit aggressiven Verhalten anderer Menschen umzugehen. Wenn diese Menschen merken dich trifft das aggressive Verhalten gar nicht so stark, sondern 51 du bleibst trotzdem ruhig und bestimmend verlieren diese Menschen ihre Macht. So kannst du eine neutrale Beziehung zu ihnen aufbauen. Ok um sein Verhalten zu ändern bedarf es viel Übung und du kannst nicht erwarten das nur durch das lesen von Theorie bereits in der ersten Situation alles klappt. Aber es ist möglich Einfluss auf solche Situationen zu nehmen und dann bedarf das ganze halt an mehr Übung.

Emotional Intelligente Menschen vertrauen ihren Gefühlen. Aber depressive und gestresste Menschen haben keinen Zugriff zu ihren Gefühlen. Mir ging es auch lange so. Inzwischen habe ich aber durch das Joggen, Musizieren und Jonglieren Zugriff zu meinen Gefühlen bekommen. Durch das expressive Schreiben in meinem Emotionsbuch habe ich gelernt meine Gefühle zu verstehen. Ich verlas mich jetzt im Umgang mit anderen Menschen auf meine Gefühle. Ich kann meine Gefühle jetzt während des Gesprächs in Worte fassen. Auch meine Körpersprache widerspiegelt meine Gefühle. Ich versuche auch Mitgefühl mit meinen Gesprächspartnern zu haben, solange er positive Absichten verfolgt. Es ist ganz normal Mitgefühl mit seinem Gegenüber zu haben. Es funktioniert aber nur, wenn mein Gesprächspartner mich auch respektiert und sich mit mir auf Augenhöhe bewegt.

Inzwischen traue ich mich alle meine Gedanken während des Gesprächs zu äußeren. Oft versetze ich mich in meinen Gesprächspartner hinein. Dadurch kann ich besser auf ihn eingehen. Bei neuen Bekanntschaften versuche ich mir ein Bild von der Person zu machen. Dabei entwickele ich ein Interesse an der Person und stelle ihr Fragen. Gleichzeitig versuche ich mich auch selbst interessant zu machen. Beim kennen lernen von neuen Menschen (auch einer neuen Liebe) wird das Belohnungssystem aktiviert.[37] Wir erinnern uns, das Lernzentrum ist ja gleichzeitig das Belohnungszentrum.

Durch das gute Kennen eines Menschen entsteht dann vertrauen. Vertrauen ist nichts anderes als die Handlungen des Gegenübers vorher sagen zu können.[37] Im Urlaub erlebt man zusammen aufregendes und entdeckt andere Seiten seines Freundes (in). Dann wird wieder das Belohnugssystem aktiviert und die starke Liebe (wie zu Beginn der Beziehung) entfacht sich wieder. Glückliche Paare unternehmen in ihrer Freizeit auch viele aufregende Dinge zusammen.[5]

Aus einer britischen Studie geht hervor, desto mehr alte Freunde jemand hatte, desto zufriedener war er.[41] Sehr glückliche Menschen hatten doppelt so viele Freunde wie unzufriedene Menschen. Was wir eigentlich schon lange wissen wurde jetzt auch wissenschaftlich belegt. Dies gilt auch gerade für alte Freunde von früher.

Bremen, den 31. Juli 2009: Heute habe ich meinen früher besten Freund Ante wieder getroffen. Ich habe mich schon vorher richtig gefreut ihn wieder zu sehen, den unsere letzte Begegnung lag schon mehrere Jahre zurück.

Ante und ich kamen gleich ins Gespräch. Wir hatten uns viel zu erzählen. Ante erzählte mir von seinem Jura Studium und dem Leben in seiner WG. Ich erzählte

*ihm von meinem Urlaub und meinem Projekt „Lebensgenuss im Flow: mein Weg zum Glück" Wir haben über alte Zeiten uns unterhalten, unsere gemeinsamen Erlebnissen in unserer Kindheit. Wir haben uns wieder sehr gut verstanden. **Ich habe während des Gesprächs alles um mich herum vergessen. Ich mag Ante immer noch sehr gerne! Das Treffen hat mich glücklich gemacht.***

Bremen, 5. Oktober 2013: Heute habe ich mich mal wieder mit Dr. Michi Buns in Bremen getroffen. Es war ein total schöner Tag. Ich möchte hier mal meine Tagebucheinträge von diesem Tag veröffentlichen.

> *1.) Ich bin dankbar, dass ich mit Michi befreundet bin. Ich mag Michi nicht nur sehr gerne, ich liebe ihn schon fast. Es war ein total schöner Tag heute. Wir haben uns von Anfang an gut verstanden. (Ich habe mich auch schon die ganze Woche auf das Treffen gefreut.) Es war total cool gleich als erstes im 5*

Sterne Swiss Hotel die Marathon Unterlagen abzuholen. Ich bin auch sehr dankbar, dass es wieder ein schönes Marathon Shirt gibt. Das alte Marathon Shirt vom Marathon von 2011 habe ich immer sehr gerne angezogen. Es hat mir dann immer voll viel Respekt eingebracht.

2.) *Ich bin Michi dankbar, dass er mich auf einen Kaffee eingeladen hat in dem Restaurant an der Schlachte. Wir konnten uns dort super austauschen . Es ist total toll einen so intelligenten Gesprächspartner zu haben der auch so viel Erfahrung und Wissen in Bereich Ernährung und Fitness hat.*

3.) *Ich bin dankbar, dass ich den besten Freund von Michi heute nüchtern kennen lernen durfte. Er ist total cool und eine absolute Führungsfigur. Er wirkt total fit und sehr sympathisch. Er ist eine Legende im Nachtleben von Bremen. Auch seinen Freunden hat er schon häufig zu einer Freundin verholfen. Wir waren in der Wohnung von Florians Bruder. Florian und sein Bruder arbeiten beide in der Anwaltskanzlei von seinem Vater. Die Wohnung war total schön. Florians Bruder war allerdings unterwegs. Dafür war noch ein anderer Mann da, den Florian mal an einem Ticketschalter von Werder Bremen kennen gelernt hatte. Das Spiel Werder Bremen gegen Stuttgart lief auch nebenbei. Es endete unentschieden. Eintracht Braunschweig gewann heute das Lokalderbie gegen Wolfsburg und sie konnten so ihren ersten Sieg einfahren. Der Freund von Flo ist Biologe und er schien auch ein großer Strunz Fan zu sein.*

4.) *Ich bin Michi dankbar , dass er mich bekocht hat. Es gab Rind aus biologischer Viehzucht, dazu Zucchini und noch ein anderes Gemüse. Das Rind aus biologischer Viehzucht schmeckte hervorragend. Ich bin Michi dankbar, dass er mir eine so leckere Mahlzeit zubereitet hat.*

5.) *Ich bin Wladimir Klitschko dankbar, dass er den Boxkampf und die drei Titel im Schwergewicht gegen den russischen Herausforderer Powetkin gewonnen hat. Ich habe Wladimir Klitschko angefeuert. Er hat den Boxkampf von Anfang an dominiert. Michi bin ich sehr dankbar, dass er Himbeeren, Brombeeren und Edelbitterschokolade von Lind mit 90% Kakao Anteil auf den Tisch gestellt hat. Die Himbeeren und die Brombeeren und die Schokolade haben sehr gut geschmeckt und die hohe Qualität habe ich geschmacklich genossen. Michi hat auch einen leckeren Grünen Sencha zubereitet, den wir beide dabei getrunken haben. Zum Boxkampf haben wir noch Kaffee getrunken. Schon während Michi das Essen zubereitet hat, hat er mich mit Leitungswasser abgefüllt. Er hatte auch schon mal bei SWB für 15€ untersuchen lassen, dass sein Leitungswasser absolut Blei frei ist. An Michi mag ich auch, dass er genauso wie ich kein Alkohol trinkt. Während die Vorkommentare auf den Boxwettkampf liefen hat mir Michi noch von zwei schwierigen Fällen erzählt, die er im Amtsgericht geführt hat. Er arbeitet dort als Richter und er ist für den Bereich Zivilrecht zuständig. Es ist schon ein echter Traumjob. Schon bereits vor der Arbeit geht er bei MC Fit trainieren. Er arbeitet so um die 35 bis 40 Stunden in der Woche. Und nebenbei unterrichtet er noch Jura Studenten. Den Job als Richter hatte er wohl auch nur bekommen, da er einer der besten seines Studienganges an der Uni Freiburg war und er auch noch eine gute Doktorarbeit zum Thema Umweltrecht geschrieben hat. Natürlich musste er dafür immer sehr hart und lange lernen. Schon damals hat er immer im Fitnessstudio hart trainiert. Jetzt ist er sein eigener Chef. Er genießt Immunität und er ist Richter auf Lebenszeit im Amtsgericht in Bremen. Während der Unterhaltung klingelte sein Telefon und seine Mutter war am Apparat. Sie ist auch schon mehrere Marathons gelaufen und hatte sogar schon eine Bestzeit von 3:30 Stunden. Morgen ist Michi auf einer Familienfeier, sein Vater feiert seinen 65. Geburtstag. Nach dem Wladimir Klitschko als erneuter Sieger im Schwergewicht fest stand habe ich mich auch langsam auf den Weg nach Hause gemacht. Michi und ich haben uns noch sehr herzlich verabschiedet und dann habe ich die Straßenbahn von Schwachausen nach*

Walle genommen. Mein Vater hat in Walle eine sehr schöne 170 Quadratmeter große Wohnung mit seiner Ehefrau mit großem Balkon. Auf dem Weg nach Hause habe ich mich noch mit einem Inder (der mit zwei Frauen und zwei Freunden) unterwegs war auf Englisch über Indien und meinen indischen Freund aus Braunschweig unterhalten. Ich habe an dem Tag auch viel von Michi gelernt.

Am nächsten Tag bin ich dann meinen zweiten Marathon in der Stadt Bremen gelaufen bei dem um die 6000 Teilnehmer gestartet sind. Ich bin den Marathon schön langsam angegangen, damit ich auf jeden Fall die 42km bis zum Ziel durch halte. Ich hatte dann eine Zeit von 4:31 Stunden.

Besonders das Hormon Testosteron beeinflusst das Verhalten von Frauen und Männern.[60] Wobei Testosteron einen schlechten Ruf hat. Der Volksmund behauptet Testosteron mache Menschen Aggressive und Egoistisch. (Egoistisch sind in echt Menschen die ständig an Geld denken. Dadurch haben sie dann weniger Freunde und sie sind einsam. Ja, der ständige Gedanke an Geld macht egoistisch und einsam.)Über das Hormon Testosteron gibt es natürlich auch wissenschaftliche Untersuchungen, bei denen Frauen ein halbes Milligramm Testosteron erhielten, bzw. nur ein Placebo. Die Frauen die Testosteron erhielten verhielten sich so, dass sie ihren sozialen Status verteidigten. Aber das Verhalten war der Situation angepasst und sie verhielten sich freundlich und kooperationsbereit. Dieses Verhalten war nämlich ziel führender. Früher hatte man die Wirkung von Testosteron nur an Mäusen getestet die dadurch aggressive wurden. Bei Männern ist es in der Regel so, dass depressive Männer aggressive werden die aufgrund der Depressionen aber tiefe Testosteronspiegel aufweisen. Wenn es allerdings zum Kampf zwischen Menschen kommt (mit oder ohne Waffen) dann sind Menschen mit viel Testosteron im Blut deutlich Gewalt bereit er um den Kampf zu gewinnen. Testosteron mach auch innere Dynamik und Lebensessenergie aus.
Die Körpersprache hat während des Gesprächs große Aussagekraft. Die Verhaltenstherapeutin Monika Matschnik behauptet sogar, während des Gesprächs haben die Worte nur 7% Aussagekraft, die weiteren 93 % teilen sich die Gestik und die verbale Stimme.[10] Die Körpersprache drückt die Gefühle und Gedanken aus. Sie lässt sich nicht vom Bewusstsein kontrollieren und somit verfälschen. Die Körpersprache wird vom Unterbewusstsein gesteuert, deshalb widerspiegelt sich stets die echten Gedanken und Gefühle. (Wobei gute Schauspieler das schon können.)Worte können ohne weiteres Gelogen sein. Die häufigste Lüge ist übrigens „mir geht gut" obwohl man gerade schlecht gelaunt ist. Deshalb achten andere Menschen auch immer auf die Körpersprache, weil sie der Wahrheit entspricht. Besonders Frauen achten intensive auf die Körpersprache, Gesichtsgestik und verbale Stimme. Die Körpersprache sagt eben mehr über den Charakter aus als 1000 Worte.
  Ich glaube aber die Aussagekraft der Wörter hängt aber auch von der Situation ab. Im Unterricht haben die Wörter sicherlich mehr Bedeutung.
Wer viel mit Menschen zusammen ist wird durch das soziale Training immer extrovertierter. Nach der Jugend ist zwar die rasante Entwicklung abgeschlossen, aber auch Erwachsene verändern sich weiterhin. Aber Vorsicht, wenn du innerhalb einer Gruppe auf einmal deutlich selbstbewusster bist können die anderen Gruppenmitglieder Angst bekommen du könntest in der Hierarchie aufsteigen und sie übertreffen. Dann kann es sein, dass sie anfangen dich zu mobben. Dann musst du aber trotzdem einfach weiter machen und auch beim nächsten zusammentreffen selbstbewusst bleiben. Nur durch den Glauben an dich selbst kannst du dich positive verändern. (Therapien helfen nur bei Menschen die freiwillig eine Therapie machen wollen.) Wenn du stärker wirst, wirst du feststellen es ist ganz normal Machtkämpfe zu führen. Wenn du stark bleibst und anfängst die Machtkämpfe zu gewinnen, werden die anderen Gruppenmitglieder es bald akzeptieren das du selbstbewusster

geworden bist. Insbesondere wenn du auch hilfsbereit bist. Dann kannst du auch der Alhpa Mann einer Gruppe werden. Als Alpha Mann einer Gruppe wirst du dann sehr anziehend auf Frauen wirken. Freunde eines Alpha Mannes haben aber auch schon sehr viel Anziehungskraft auf Frauen.

4.7 Lesen

Ich war lange Zeit zu faul zum lesen. Mein Vater war früher eine Leserate. Er wollte mich zum lesen bringen. Mein Vater meinte, durch das lesen verbessere sich meine Rechtschreibung. Aber er konnte meine Lust am lesen nicht wecken. Es ist verkehrt über die positiven Auswirkungen zu motivieren. Die Hauptmotivation sollte durch den Spaß an der Tätigkeit kommen. Ich war frustriert, weil alle Anderen viel schneller lesen konnten. Schnell zu lesen, hieß ein guter Leser zu sein. Es zeigte mir, die Anderen sind viel bessere Leser.
Als ich in der 8. Klasse krank war, war mir langweilig. Ich durfte nicht Fernsehen gucken, weil Filme zu Action reich sind. Ich versuchte mich dann noch mal am lesen. Zum Glück fing ich damals an Harry Potter zu lesen. Ich empfand die Bücher als sehr **spannend und gerade zu fesselnd**.Damals packte mich das Harry Potter Fieber. Ich wollte alle damals veröffentlichten Bände lesen. So hatte ich das erste Mal Spaß ein richtiges Buch zu lesen. Danach las ich noch weitere Bücher, überwiegend aus dem Genre Fantasie. Gerne habe ich auch immer Bücher in Englischer Sprache gelesen. Darauf konnte ich mich immer besser konzentrieren und es hat mir ein besseres Gefühl gegeben.
  Inzwischen ist mein Wissensdurst so groß, dass ich fast nur noch Sachbücher lese. Aber auch sehr gerne lese ich Romane oder Biographien aus denen man etwas lernen kann. Am meisten Flow erlebe ich beim lesen, wenn ich mir das Buch selbst ausgesucht habe. Es interessiert mich. Bereits durch die Neugierde wird das Belohnungszentrum aktiviert. Natürlich auch, wenn man dann neues dazu lernt.[32] Es werden glücklich machende Endorphine ausgeschüttet. Das neue Wissen wird mit dem Glücksmoment verbunden. Dadurch prägt es sich besser ein.

4.8 Musik:

In der Grundschule hatte ich einen Klavierspieler in der Klasse. Seine Auftritte in der Schule faszinierten mich. Er war auch sehr gut in der Schule. Ich vermutete damals schon einen Zusammenhang zwischen Intelligenz und Musizieren. In der 10. Klasse spielte ich Keyboard im Musikunterricht. Es machte mir viel Spaß. Ich wollte in meiner Freizeit anfangen Musik zu spielen.
Ich begab mich auf die Suche nach einer Klavier Lehrerin. Die Tochter von dem damaligen Freund meiner Mutter konnte Klavier spielen. Neele hatte 10 Jahre Klavier Unterricht gehabt. Und sie hatte bei einem Wettbewerb einen ersten Platz gemacht. Da sie gerade eine berufliche Pause machte, hatte sie Zeit und Lust mich zu unterrichten. In den Sommerferien fing der Musikunterricht an. Der zweimal wöchentliche Unterricht machte viel Spaß. Neele konnte mir einiges beibringen. Sie konnte mich verbessern, so dass ich gleich alles richtig lernte. Wir unterhielten uns auch viel. Es war sehr nett. Ich hatte eine sehr schöne Zeit. Dadurch wurde ich auch etwas selbstbewusster. (Nele studierte anschließend Psychologie.)
Nach den Sommerferien war ich als Austauschschüler in Los Angeles in Kalifornien. Dort fing ich an Saxophon in einer Bandklasse zu spielen. Ich hatte jeden Tag mit anderen Amerikanern Musikunterricht. Meine Mitschüler waren alle in meinem Alter. Also fangen viele Amerikaner erst im jugendlichen Alter an ein Instrument zu erlernen. Die Bandklasse war mein liebstes Fach an der Chatsworth High School in LA. (Die High School hatte zu der Zeit das beste Baseball Schüler Team in

ganz Kalifornien.) Ich hatte die Bandklasse sogar jeden Tag wie auch alle anderen Fächer. Dies war auch das ein zigste Fach in dem ich die Note A bekam. Anfangs war es sehr schwer den richtigen Ton auf dem Saxophon zu bekommen. Aber mit viel Übung klappte es bald. In meiner Freizeit spielte ich weiterhin Keyboard.

In Deutschland musste ich mich zwischen Klavier oder Saxophon spielen entscheiden. Ich entschied mich für das Klavierspielen. Ich hatte in meinem Leben mehrere nette Klavierspieler kennen gelernt, aber wenig Saxophon Spieler. Aus dem Grund hatte ich mehr Bezug zum Klavier. Ich wollte die Möglichkeit haben zu der gespielten Musik zu singen. Das geht nur am Klavier.

Zu meinem 18. Lebensjahr bekam ich dann ein richtiges Klavier geschenkt. Ich hatte dann Unterricht in der Bremer Musikschule. Die ältere Frau Grauhart unterrichtete mich. Sie hatte oft etwas zu kritisieren. Ich verstand mich nicht so gut mir ihr. Aber Aufgrund meiner guten Erfahrungen mit meiner ersten Klavierlehrerin und in der Bandklasse in LA war ich noch motiviert Klavier zu spielen. Zu Anfang dachte ich viel über meinen Alltag nach während ich Klavier spielte. Erst später konzentrierte ich mich ganz auf das Spielen. Durch das Spielen im Flow machte ich viel größere Lernfortschritte.

Ich zog um in das Dorf Klein Schöppenstedt. Dort hatte ich Klavierunterricht bei Frau Korndörfer. Mit ihr verstand ich mich von Anfang an gut. Ich hatte viel Freizeit zum Üben. Ich machte große Fortschritte. Ich lernte einige schöne Konzertstücke.

Aufgrund einer psychischen Verschlechterung musste ich wieder in die Psychiatrie. Ich unterbrach den Musikunterricht. In der Klinik gab es ein Klavier, so dass ich weiterhin Klavier spielen konnte. Ich spielte aber immer die gleichen Stücke. In der Musiktherapie konnte ich in einer Gruppe singen und auch musizieren. Es war eine gute Erfahrung.

Erst nach langer Zeit traute ich mich alleine an ein neues Musikstück. Es machte viel mehr Spaß ein neues Stück zu erlernen. Ich habe in meinem Notenheft noch viele schöne Musikstücke. Ich freue mich da drauf sie zu erlernen und sie bald alle spielen zu können. Dabei unterstützt mich jetzt auch wieder meine Klavierlehrerin Frau Korndörfer.

Auch habe ich angefangen eigene Stücke mir auszudenken. Improvisieren ist wie geschaffen für ein Flow Erlebnis. Die Aktivität des Frontalhirns lässt dabei nach. Das heißt, alle Gedanken verstummen. Man taucht ganz in die Welt der Klänge ein. Es ist wie in einem Traum. Das Improvisieren macht auch unglaublich viel Spaß. Es trainiert das Gehirn noch besser als das spielen nach Noten, fand jüngst die Gehirnforschung heraus.[38]

Während des Klavierspielens kann ich mich gut auf die Melodie konzentrieren. Es macht Spaß und gibt ein gutes Gefühl. Bei dem Klavierspielen setze ich bewusst meine Sinne ein. Ich höre die Musik, sehe die Noten und fühle jede einzelne Taste.
Beim gemeinsamen Musizieren in einem Orchester kommunizieren die Menschen durch die Musik. Die Musik ist wie eine eigene Sprache. Sie drückt die Gefühle aus. Musik gibt Zugriff zu den Gefühlen. Bei dem Erlernen von Musikstücken bilden sich neue Nervenzellen im Gehirnareal Hippocampus. Er ist zuständig für die Verarbeitung von Gefühlen.[19] Auch gehört das musizieren zur Uhrmaterie des menschlichen Gehirns. Archäologische Ausgrabungen haben ergeben, dass Menschen bereits vor 50.000 Jahren mit einfachen Instrumenten aus Holz und Stein Musik machten. Nach dem spielen eines schönen Musikstückes im Flow habe ich immer Zugriff zu meinen Gefühlen. Es tut gut die eigenen Gefühle war zu nehmen. Dabei liefen mir dann auch schon mal Tränen durch das Gesicht. Schöne Musik besitzt auch die Eigenschaft zu trösten.
Das Lernen eines Musikinstrumentes aktiviert das Belohnungssystem im Gehirn. Dadurch werden viele Endorphine ausgeschüttet. Gleichzeitig reduzieren sich die Ängste, weil die Aktivität der Amygdala abnimmt. Also reduzieren sich alle ängstlichen Gedanken. Ich leide an einer sozialen Phobie. Aber durch Musik kann

ich auch diese Ängste überwinden. Wodurch ich die Gemeinschaft mehr genießen kann. Während der Musiktherapie und im Gottesdienst traute ich mich auch tatsächlich immer laut mit zu singen!

Bremen, den 13. Dezember 2007: Gerade probierte ich die neuen Kopfhörer beim Klavierspielen aus. Ich habe den Entertainer auf CD gehört und dazu am Klavier gespielt. **Ich hatte nur noch Musik im Kopf. Es war ein Glücksgefühl.**

  Musik verbessert die Intelligenz. Musizierende Kinder haben oft schon in der Grundschule ein Jahr Wissens Vorsprung vor den nicht musizierenden Kindern. Am stärksten profitiert die mathematische Intelligenz vom Musizieren. Sie steigt um durchschnittlich 50 Prozent. Wenn Albert Einstein mit einem physikalischen Problem nicht weiter kam, spielte er Geige. Danach fiel ihm häufig eine Lösung ein.
Beim musizieren in einer Band quadriert sich der Spaß, meint Dr. Ulrich Strunz (der Fitnesspapst).[10] Prof. Manfred Spitzer (der führende deutsche Gehirnforscher) ist der Meinung, gemeinsames Musizieren ist das schönste was es gibt.[19] Das spielen in einer Band fördert das wichtige zusammen Leben von Menschen. Dabei wird die Gemeinschaft als solche empfunden. Es gibt kein Konkurrenzkampf wie in einigen Spielen. Es wird festgestellt, hier können wir gemeinsam etwas schönes machen. Musiker suchen die Gemeinschaft zum musizieren, weil zusammen Musik zu machen mehr Spaß macht!

Klein Schöppenstedt, den 13. Dezember 2008: Gerade habe ich mit Christine (40 Jahre alt) musiziert. Wir übten für ein Weihnachtskonzert im Rahmen eines Weihnachtskaffeekranzes im Café Alexius. Es hat sehr viel Spaß gemacht. Christine spielte Geige und ich spielte Klavier. Zur erst spielten wir „Jingle Bells". Wir haben genau synchron gespielt. Die Geige klang sehr gut. Das erfolgreiche Zusammenspielen gab mir soziale Bestätigung! Später spielten wir „Für Elise". Aber es ist nicht für die Geige geeignet, weil es nur für Klavier geschrieben wurde. „Green sleeves" konnten wir wieder zusammen spielen. Ich habe den Wunsch bekommen häufiger mit anderen Menschen zu musizieren. Christine gab mir ihre Telefonnummer, so dass wir es wiederholen können.

(Auf dem Photo musiziere ich mit meinem Cousin in dem Lampengeschäft von der Frau meines Vaters auf meinem alten Klavier. Mein Cousin kann auch E Gitarre spielen und er spielte ein Zeit lang auch in einer Band. Mein Keyboard schalte ich auch manchmal auf E Gitarren Sound um, wenn ich den Song „Eye of the tiger" aus[57]

Rocky 3 spiele. Es ist echt mein Lieblingssong. Ich liebe den Bass genauso wie den englischen Text.)

In unserer Gesellschaft wird viel Musik gehört. Musik hören erhöht die Freude und das Wohlbefinden. Besonders profitiert die Psyche, wenn man leicht zum Rhythmus der Musik mit schwingt. Die harmonischen Bewegungen entspannen und erhöhen die Sauerstoffzufuhr des Gehirns. **Durch die rhythmische Bewegung zur Musik konzentriere ich mich stärker auf sie.** Ich erlebe sie intensiver und ich habe mehr Flow. Außerdem finde ich leicht im Takt der Musik zu Bewegen wirkt cool. Schöne Musik ist wie soziale Bestätigung. Dabei bekomme ich auch öfters Gänsehaut. Ich hatte das erste Mal Gänsehaut bei dem Song „Infinity 2008" auf einer Apre Ski Party. Bei diesem Song hatte ich das erste Mal Gänsehaut in meinem Leben im alter von 22 Jahren. Gänsehaut ist die häufigste Emotion in Verbindung mit Musik.[32] Inzwischen habe ich häufiger Gänsehaut bei Musik. Ich bekomme Gänsehaut bei Songs die mein Lebensgefühl ausdrücken und mir sehr gut gefallen. Gerne höre ich Musik über meinen Mp3 Player, wenn ich unterwegs bin (Bus, Bahn und Auto). Ich schwinge dann leicht und fröhlich zu meiner Musik mit. Dadurch wird die sonst oft lästige Wartezeit angenehm.

Musik beflügelt die Arbeit. Ich habe früher häufig zu hören bekommen, Musik lenke mich bei den Hausaufgaben ab. Aber die Gehirnforschung kam inzwischen zu anderen Erkenntnissen. Seine Lieblingsmusik bei geistiger Arbeit zu hören erhöht die Leistungsfähigkeit.[10] Seit dem ich das gelesen habe genieße ich wieder gerne Musik beim Lernen. Das gibt mir ein gutes Gefühl und ich bin dadurch motivierter die Hausaufgaben zu machen und zu lernen.

Die Wiederholung von instrumentaler Musik hat die gleiche Wirkung wie die Wiederholung eines Mantras. Während der Meditation sollte deine Aufmerksamkeit auf einen schönen Klang gerichtet sein. Mit dem du dich aber nicht bildlich auseinander setzen kannst. **Ich war schon mehrmals in Trance beim hören von schöner instrumentaler Musik.**

Königslutter, den 11. Juni 2008: Auf dem Weg nach Hause summte ich ein Lied. Es ist wie eine Meditation. Durch die Förderung der Konzentration bleibt die Stimmung besser.

Ich entspanne oft mit einer Musikmeditation. Dabei höre ich meine Lieblingsmusik. Und ich bewege mich rhythmisch zur Musik.

Fast jeder Mensch hört gerne Musik. Meiner Meinung nach ist es natürlich am besten selbst zu musizieren. Dafür ist es selbst im erwachsen Alter nicht zu spät. Ich habe auch erst mit 17 Jahren angefangen zu musizieren. Natürlich kann ich kein großer Komponist oder professioneller Musiker mehr werden. Aber es macht mir viel Spaß zu musizieren und das ist finde ich das wichtigste.

4.9 Jonglieren:

Meine Schule das Schulzentrum Findorff in Bremen hatte den Schwerpunkt Gesundheit. In der 7. Klasse hatte ich den Kursus Entspannung. Ein Psychologe brachte uns Schülern das Autogene Training und das Jonglieren bei. Im Unterricht schaffte ich es gerade einmal mit zwei Bällen zu jonglieren. Ich lernte aber den guten Trick sich die Bewegungsabläufe erst vorzustellen. Dabei stellt sich das Gehirn drauf ein. Ich benutze die Fähigkeit noch heute, wenn ich einen neuen Trick lerne.

Meine Mutter schenkte mir Jongliertücher und Bälle. Als mir mal langweilig war fing ich an weiter zu üben. Nach wenigen Tagen konnte ich mit drei Bällen jonglieren.

Dies übte ich dann weiter bis zur Perfektion. Da ich allerdings keine neuen Tricks lernte, ließ der Spaß irgendwann nach.

Im Mentalprogramm von Dr. Ulrich Strunz las ich, Jonglieren sei das optimale Kopfball Training. Es motivierte mich erneut anzufangen. Nach kurzer Zeit ließ ich mir Jonglierringe schenken. Indem ich lernte mit einem neuen Gegenstand zu jonglieren, hatte ich ein erneutes Erfolgserlebnis. Seit dem übe ich fast jeden Tag.

Inzwischen kann ich mit vier Bällen, vier Ringen und drei Keulen jonglieren. Zudem habe ich noch einige Tricks gelernt. Wie auf dem Bild zu sehen ist, hatte ich bereits einige Auftritte. (Das Video zu dem Auftritt und Andere findest du bei Youtube, wenn du dort Sven Marbach eingibst.) Auch Jongliere ich gerne mit anderen Jongleuren beim Universitäts Sport. Während des Jonglierens genieße ich meistens Musik. Um in Tricks sicherer zu werden stoppe ich die Zeit, wie lange ich jonglieren kann ohne das die Gegenstände runter fallen. Dabei versuche ich dann immer einen neuen Rekord aufzustellen, den ich dann auch aufschreibe. Dadurch werde ich dann sehr sicher, was ja auch sehr wichtig für Auftritte ist. Aber das Gehirn und die Bewegungsabläufe werden auch schon trainiert, wenn die Bälle häufig runter fallen.

Braunschweig, den 27. July 2013: Gerade habe ich einen neuen Rekord im Jonglieren mit drei Keulen und dreifacher Umdrehung geschafft. Es ist mein absoluter Lieblings Trick. Er macht mir auch nach zwei Jahren noch sehr viel Spaß. Ein Video zu diesem Trick findest du auch bei Youtube unter meinem Namen Sven Marbach. Heute verbesserte ich mich um 24 Sekunden auf insgesamt 629 Sekunden (10:29min). Ich konzentrierte mich dabei nur auf das ein und aus atmen. Die Keulen hat alleine mein Unterbewusstsein gesteuert. Ich sagte mir dabei in

Gedanken, dass die Entspannung alleine durch den langen Atem kommt. [Dies ist meine wichtigste Entspannungstechnik.]Ich hatte das Gefühl, dass andere Menschen in meiner Umgebung versuchten meine Konzentration zu unterbrechen. [Mein schlechtes Gefühl ist dabei zu ersticken.] Aber meine Konzentration auf meinen Atemfluss blieb trotzdem bestehen, da dass Atmen ja lebensnotwendig ist! [Luft ist für alle da: Genauso wie für Präsidenten, die Unterschicht und Zeugen Jehovas. Ich fing an mich zu wären und automatisch kämpfte ich dann auch gegen sie an. Mein Gutes Gefühl ist es einen neuen Rekord aufzustellen.]Ich bin richtig stolz darauf gewesen einen neuen Rekord aufgestellt zu haben! [Inzwischen habe ich mich noch länger auf die Keulenjonglage Konzentrieren können und bereits drei neue Rekorde aufgestellt.] Den Rekord habe ich aufgestellt, obwohl ich die ganze Nacht nicht geschlafen hatte und ich dachte, dass alle Menschen gegen mich sind. Nach dem ich jetzt den Rekord eben aufgestellt habe bin ich wieder entspannt und gelassen! Diese Wirkung dürfte vergleichbar mit dem meditieren sein. Ich hörte während des Jonglieren Musik von Ravi Shankar über meine Stereoanlage. Sie empfinde ich als sehr wohltuend und ich glaube sie hat eine heilende Wirkung. Ich habe in dem Buch „Wo deine Seele auftankt" von Marko von Münchhausen gelesen, dass Pflanzen diese Musik auch sehr gerne mögen. Wenn ich die Musik höre denke ich immer daran meine Blumen zu gießen und merke wie sie sich über das Wasser und die positiven Vibrationen in der Luft freuen. Nachdem ich diesen Tagebuch Eintrag nun in mein Projekt eingefügt hatte und alles abgespeichert hatte, habe ich den Eindruck, dass die anderen Menschen mich wieder mögen oder zu mindestens akzeptieren.

An dem Abend habe ich mit Freunden bei mir zu Hause meinen 27. Geburtstag nach gefeiert. Es war gut das ich die neue Highscoore vorher an dem Tag erreicht hatte, da ich dadurch dann entspannter war. Es war eine sehr schöne Feier und ich hatte mich gefreut mal wieder mit meinen Freunden bei mir zu feiern. Meine Freunde hatten eine Kiste Bier mit gebracht. Ich habe allerdings an dem Abend nur ein Glas Sekt getrunken. Die Flasche Sekt hatte ich zum anstoßen gekauft. Ich habe den Sekt dann schnell geexst. Es waren 4 Freunde vom Fußball da. (Andere gute Freunde hatten leider abgesagt.)Es hatte mich voll gefreut mal wieder eine Party bei mir zu schmeißen. Das hatte ich in der Fußball Saison öfter gemacht. Wir haben oft bei mir gefeiert, da ich auch als ein zigster von meinen Freunden bereits eine eigene 2 Zimmer Wohnung hatte. Wir haben an dem Abend Musik gehört und später noch Activity gespielt. Ein paar von meinen Freunden kannten das Spiel nicht. Aber nachdem ich es erklärt hatte haben die Anderen es schnell verstanden. Es hat allen dann auch viel Spaß gemacht. (Activity macht ja gerade auf Partys viel Spaß, da es ja auch ein sehr emotionales Spiel ist.) Da ich die Nacht davor so schlecht geschlafen hatte habe ich meine Freunde dann um ca. 1:00 Uhr nachts raus geschmissen. Sie haben sich dann noch etwas Alkohol mit genommen und sie sind weiter gezogen. (Ich trinke nun seit Juni 2013 kein Alkohol mehr und dadurch kann ich mich auf Feiern besser auf die Gespräche konzentrieren anstelle des Bieres. Vorher hatte ich mich durch erhöhten Alkohol Konsum auf Partys sehr selbstbewusst gefühlt aber ich wirkte wahrscheinlich ab einem gewissen Pegel eher peinlich oder war einfach passive im Rausch. Nun vermisse ich den Alkohol gar nicht mehr und kann genauso drauf verzichten wie auf Zigaretten. Der Vorteil ist ganz klar ich bin in keinster Weiße vom Alkohol abhängig und ich brauche ihn weder um die Stimmung zu verbessern noch das selbstbewusst sein zu steigern oder zu entspannen. Im nüchternen Zustand ist es viel einfacher für mich nach Stresssituationen zu entspannen, was ansonsten ein gewisser Alkohol Pegel unmöglich macht.)

Klein Schöppenstedt, den 28. Juni 2008: Zum Glück konnte ich Musik hören. Während ich jonglierte entspannte ich. Danach konnte ich dem Text wieder gut zuhören.
Bremen, den 20. November 2007: Heute war ich beim Unisport zum Jonglieren. Ich jonglierte mit Bällen und Keulen. Zudem bin ich Einrad gefahren.
Beim Jonglieren mit drei Bällen hörte der Gedankenfluss nach einigen Minuten auf, so dass ich in Trance war.Sehr viel Spaß bereitete das Passen mit dem Kursleiter. Wir fingen mit Bällen an. Erst vier Count, dann zwei Count. Zum Schluss jonglierten wir zu zweit mit sieben Bällen. Jeder geschaffte Trick war ein Erfolgserlebnis für mich. Gerne jonglierte ich nächstes Mal weiter zu Zweit.

Das Jonglieren kann jeder lernen. Die Gehirnforschung meint, das Jonglieren sei bestens geeignet um das Gehirn zu trainieren.[10] Die Auswirkungen des Jonglieren auf das Gehirn sind ähnlich wie Bodybuilding für den Körper. Die Gehirnforschung stellte ein Wachstum der für die Koordination im dreidimensionalen Raum zuständigen Regionen des Gehirns fest. Eine Vergrößerung dieser Gehirnregion steigert den Einfall von Ideen. Jongliere Anfänger benutzen zunächst die linke Gehirnhälfte. Durch das häufige Wiederholen des Jonglierablaufs setzt irgendwann ein Automatismus ein. Er wird von der rechten Gehirnhälfte gesteuert. Während des Übergangs von der linken zur rechten Gehirnhälfte verbinden sie sich. Dabei wird viel Dopamin freigesetzt. Dabei empfinden wir Spaß. Dopamin lässt die Gedanken ungehindert weiterleiten und verstärkt sie. Das hilft Probleme zu analysieren und zu eigenständigen Lösungen zu kommen. Dopamin fördert die Lernbereitschaft und die Kreativität. Die Verbindung der Gehirnhälften funktioniert auch bei fortgeschritten Jongleuren, wenn sie einen neuen Trick lernen. Das schöne am Jonglieren ist, man kann immer etwas Neues lernen. Ich probiere mich auch immer an neuen Tricks bis ich sie kann. Oder ich erhöhe die Anzahl der Gegenstände mit denen ich jongliere. Ich entwickele meine Jonglierfähigkeiten also immer weiter! Bereits fünf Minuten Training am Tag steigern die Sprachleistung um bis zu 60 Prozent nach 6 Monaten, denn Jonglieren regt das Kleinhirn an, dem Sitz des Sprachzentrums. [10] Das Jonglieren hält die Muskeln locker. Dadurch kann das Gehirn mehr Informationen senden und die Merkfähigkeit steigt.**Um die Bälle zu balancieren bedarf es hoher Konzentration. Die Konzentrationsfähigkeit wird dabei trainiert. Schon bei einer kleinen Unaufmerksamkeit lässt du die Bälle fallen.** Lernerfolg stärkt das Selbstbewusstsein. Der Harmonische Fluss der Jonglierbälle wirkt ausgleichend. Beim Jonglieren wird auch das Protein BDNF im Gehirn produziert. Es lässt dann auch den Hippocampus wachsen.[57] Zudem vergrößert sich die weiße Gehirnmasse und sogar die graue Gehirnmasse.[56] Dies ist genauso wie beim musizieren.Das Jonglieren wird häufig zur hochbegabten Förderung eingesetzt. Meiner Meinung nach sollte in der Schule das Jonglieren gelernt werden, weil es das ideale Gehirntraining ist. Ich habe das Jonglieren ja auch mal in der Schule gelernt. Vor 100 Jahren gehörte das Jonglieren auch noch zur Lehrerausbildung dazu, da es ja auch einen pädagogischen Effekt hat (Quelle: Interview mit Günter Frei der als Hauptschullehrer arbeitet und vielen Menschen das Jonglieren in Kursen z.B. an der Volkshochschule beibringt.) Ob das wohl auch der Grund dafür ist, das die Lehrer in Deutschland lange Zeit mehr Geld verdienten im Vergleich zu den Lehrern anderer Länder? Jedem geistig arbeitenden und ehrgeizigen Menschen empfehle ich Jonglieren zu lernen. Falls du Lust bekommen hast Jonglieren zu lernen, dann empfehle ich dir es mit der „Rehoruli" Methode zu machen. Stephan Ehlers brachte mit dieser Methode 600 Jongleuren in 30 Minuten das Jonglieren mit drei Bällen bei. Es ist ein Weltrekord. Ich habe gerade meinem Onkel einen Rehoruli Kursus in München oder Berlin geschenkt. Du findest die Jongliere Anleitung auf http://www.rehoruli.de/html/rehorulivideo.html. Bevor du anfängst zu jonglieren musst du dir noch drei Jonglierbälle kaufen. Die findest du in Jongliere Läden oder du kannst sie bei Ebay ersteigern. Zur Not kannst du auch mit drei Tennisbällen

anfangen.In der Gemeinschaft zu jonglieren ist am schönsten. Aus dem Grund empfehle ich dir mal Jonglieren im Universität Sport anzugucken. Gerne zeigen dir erfahrene Jongleure neue Tricks.

In diesen Sommerferien war ich auf der EJC (europäische Jongliere Convention) 2009 in Vitoria, Spanien. Dort trafen sich über 2000 Jongleure aus ganz Europa. Ich fuhr dort mit Lena aus meinem Jongliere Club hin. Schon im Bus lernten wir Chris kennen. Es war auch seine erste EJC. Wir stellten unsere Zelte nebeneinander und wir teilten uns alle Lebensmittel. Es gab jeden Abend eine Openstage oder eine Jonglier Show. Auch spielten abends live Bands. Ich lernte auf der Convention Jongleure aus der ganzen Welt kennen. Ein Franzose brachte mir zwei neue Tricks bei. Uns allen Teilnehmern der EJC verband das Jonglieren. Jongleure sind dafür bekannt überdurchschnittliche soziale Fähigkeiten zu haben. Tatsächlich lernte ich auf der EJC nur nette Leute kennen. Chris zeigte mir auch Tricks mit dem Diablo. Mir hat der Urlaub sehr gut gefallen!

Klein Schöppenstedt, den 8. Oktober 2013: Ich bin dankbar, dass ich Jonglieren gelernt habe. Es entspannt mich und es macht Spaß. Dankbar bin ich auch für den Artikel Jonglieren entspannt und macht schlau von Zeit Online. Den Artikel zu lesen hatte mir 61 *sehr viel gebracht. Zum einen hat es mir geholfen aus der Quelle „die Zeit" positives über das Jonglieren zu lesen. Zum anderen hat es mir geholfen zu lesen, dass beim Jonglieren auch vermehrt das Protein BDNF ausgeschüttet wird. Danach habe ich dann wirklich Zugriff zu meinen Gefühlen bekommen und nach dem Handel ich auch nach meinen Gefühlen. Erstaunlich das die Wirkung erst eingetroffen hat nachdem ich den Artikel gelesen habe. Obwohl eigentlich glaube ich das es mir erst dann aufgefallen ist und ich vorher auch schon Zugriff zu meinen Gefühlen [durch das Jonglieren]hatte. Auch durch das Joggen hatte ich schon mal Zugriff zu meinen Gefühlen auch für längere Zeit. Aber ich glaube diesmal habe ich Zugriff zu meinen Gefühlen bekommen und ich bin gleichzeitig viel selbstischer. Es ist ein gesundes Maß an Selbstbewusstsein. Ich habe mir auch überlegt, dass deutlich mehr von dem Protein BDNF ausgeschüttet wird, wenn man viel höhere Jonglierefähigkeiten hat. Diese Überlegung hat bestimmt auch mein Selbstbewusstsein gestärkt. Mit Überkreuzenten Armen zu Jonglieren bringt immer meine Gedanken unter Kontrolle und es entspannt mich. Die Jonglage mit Überkreuzten Armen habe ich mir selber ausgedacht.[Eigentlich stand sie als Trick in dem Buch „Alles über die Kunst des Jonglierens" von Dave D. Finnigan. Aber erst später habe ich gelernt während des Jonglierens von der normalen Kaskade in die Jonglage mit Überkreuzten Händen zu wechseln und wieder zurück. Dies hatte mir auch der Matthias gezeigt, der das bereits konnte. Ein anderer Jonngleur aus der Jongliergruppe konnte das auch schon. Als ich gesehen habe das die beiden Jongleure dies schon können, habe ich dann eine Woche den Trick geübt und beim nächsten zusammen Treffen eine Woche später konnte ich das dann auch.] Vor allem wenn ich sehr unter Druck stehe fällt es mir dadurch leichter aktive zu entspannen. In der Kinesiologie gibt es auch viele Übungen mit überkreuzten Armen und Händen. Dadurch wird das Zusammenspiel der beiden Gehirnhälften auch sehr gut trainiert.*

Nach dem Jonglieren oder zwischendurch mache ich immer eine Lachmeditation. Häufig tanke ich auch Licht nach dem Jonglieren. Durch beides wird vermehrt Serotonin ausgeschüttet. Dies gibt mir ein sehr gutes Gefühl wodurch ich entspannt und glücklich werde. Serotonin + dem Protein BDNF lässt dann den Hippocampus wachsen. Einfach Genial!

Gerne kannst du auf meiner Homepage www.lebensgenussimflow.de im Flow Forum (http://lebensgenussimflow.forencity.de/topic,3,wobeierlebtihrflow.html) aufschreiben, wobei du alles Flow erlebst. Mir macht es Spaß einfach mal Neues auszuprobieren, gerne auch mit dir zusammen.

Übrigens liebe ich es auch in den Alpen Ski zu fahren! Ich habe sehr positive Erinnerungen an meine Urlaube.

Kapitel 5: Absolviere die Ausbildung zum Jeddi-Ritter und werde zur Lichtgestahlt:

Was einen Jeddi-Ritter ausmacht:

1.) Er hat immer genug von dem Sonnenvitamin D (mindestens 5000 IE Vitamin D ich nehme 50.000 IE Vitamin D + Vitamin K2) im Blut
2.) Er ist jeder Zeit fähig 10 km im Dauerlauf zu joggen und er ist schon mindestens einen Marathon gelaufen.
3.) Er hat seine Reflexe extrem trainiert. Die Kaskade mit 3 Bällen solltest du schon jonglieren können.
4.) Er schafft ohne Probleme 30 Liegestütze
5.) Er trinkt kein Alkohol, weil er es liebt auf Partys noch (geistig) fit zu sein wodurch er ein Gefühl der Überlegenheit bekommt.

Die 6. Schritte Anleitung zu Ihren Zielen und Reichtum von Napoleon Hill aus dem Buch Denke nach und werde Reich von 1937[71]:

1.) **Erster Schritt:** Setzen Sie sich im Kopf ein genaues finanzielles Ziel. Es reicht nicht zu sagen: „Ich möchte viel Geld haben." Legen Sie einen bestimmten Betrag fest. (Es gibt einen psychologischen Grund für diese Konkretisierung, der in einem späteren Kapitel noch erläutert wird..)
Ich möchte 5 Millionen Euro haben.
2.) **Zweiter Schritt:** Bestimmen Sie genau, was Sie im Gegenzug leisten wollen. (Von nichts kommt nichts, so ist das nun einmal.)
Konzentriert weiter an meinem Buch arbeiten und mich intensive und als Priorität mit meinem Buch „Lebensguss im Flow" beschäftigen. Angefangene Bücher immer zu Ende lesen. Die Anleitung morgens vor dem Zähneputzen lesen und abends nach dem Zähneputzen.
Solange einen Verlag suchen bis das Buch gedruckt und veröffentlicht wird.
3.) **Dritter Schritt:** Legen Sie ein genaues Datum fest, an dem Sie den angestrebten Betrag besitzen wollen.
Spätestens nach meinem 4. Marathon am 26. Oktober 2014 will ich mein Buch fertig überarbeitet haben und an einen 2. Verlag schicken. Ich habe mir jetzt künstlichen Druck erzeugt und mir diesen festen Termin gesetzt. Ich wünschte ich hätte den Termin auch eingehalten und wäre so glücklich geblieben. Zum Glück habe ich einen reichen Vater wodurch es mir neben der Arbeit an meinem Buch auch sehr gut ging.
Jetzt hoffe ich mein Buch erscheint spätestens im Frühling. Auch im dem Hinblick das erst der Dritte Verlag mein Buch veröffentlicht. Es ist schon ein großer Traum von mir mein Buch in einem Verlag zu veröffentlichen!
Ich will dann nachdem mein Buch veröffentlich ist auch ein Interview in der Braunschweiger Zeitung geben. Ich hoffe auch das der Verlag das Interesse in einer anderen Zeitschrift vorstellt. Aber in denke mal der Verlag will mein Buch auch vermarkten oder zumindestens noch in einer anderen Zeitschrift vorzustellen. Letzten Endes hoffe ich auf die Freiheit der in der aktuellen Zeit gewordenen Freiheit der Verlag Netze wo man mit Freunden kommunizieren kann. Und oft Feedback bekommt.
Durch Werbung hoffe ich bereits in den ersten 3 Monaten 2-5 Tausend Leser zu bekommen. Ich hoffe das sich mein Buch weiterhin rum spricht, so das ich komplett von meinem Gehalt als Autor leben kann. Nach nun 9 Jahren arbeit soll die finale Version erscheinen.

4.) **Vierter Schritt:** Arbeiten Sie einen bestimmten Plan aus, um Ihr Anliegen umzusetz, und fangen Sie gleich an, ob Sie dafür bereit sind oder nicht, nach diesem Plan zu handeln.

Mein Buch ist jetzt fertig. Ich habe mein Vater zu meinem Lektor gemacht. Auch habe ich mir einen kleinen Verlag zur Veröffentlichung meines Buches rausgesucht.

5.) **Fünter Schritt:** Halten Sie den Betrag, den Sie erwirtschaften wollen, die Frist, die Sie sich dafür gesetzt haben, Ihre Gegenleistung und den genauen Plan, mit dem Sie das alles erreichen wollen, kurz und prägnant schriftlich fest.

6.) **Sechster Schritt:** Lesen Sie sich zweimal am Tag laut vor, was Sie aufgeschrieben haben – einmal kurz vor dem Schlafengehen und einmal gleich nach dem Aufstehen. Stellen Sie sich beim lesen möglichst plastisch und überzeugend vor, das Geld bereits zu besitzen.

Thomas A. Edision (der Erfinder der Glühbirne erklärte nach sorgfältiger Prüfung der 6. Schritte Anleitung von Napoleon Hill die ich Benutze, sie stelle die sicherste Methode dar um Reich zu werden oder jedes denkbare Ziel zu erreichen.

6. Wann erlebt man kein Flow?

Bei Misserfolgen kommen Zweifel und negative Gedanken auf. Dies kann sogar zu einem Trauma führen. Um den negativen Gedanken den Raum zu entziehen ist es wichtig sich abzulenken, indem man in eine andere Welt eintaucht. Forscher ließen Versuchspersonen nach einem traumatischen Erlebnis für 30 Minuten Tetris spielen. (Sie hatten vorher einen Horror Film sich angesehen.)Die Versuchspersonen konnten sich ablenken und Flow erleben. Weil für das Spiel hohe Konzentration erforderlich ist, kann sich das Gehirn nicht mit dem Trauma beschäftigt. Anschließend hatten die Versuchspersonen deutlich weniger Flashbacks (Flashbacks sind auf kommende Bilder, die an das traumatische Erlebnis erinnern). **Auch Frank Ribery lenkt sich nach einem verloren Spiel ab. Er sucht den Kontakt seiner Familie und findet dort die Ablenkung. Fußballer, die sich nur an die erfolgreichen Spiele erinnern, sind erfolgreicher.**[40] Durch das ablenkende Flow Erlebnis wird Spaß empfunden. Dabei entstehen wieder positive Gedanken.

Bei schlechter Laune plagen generell negative Gedanken. Bei depressiver Verstimmtheit ist man mit Problemen beschäftigt. Die depressiven Gedanken verhindern die Konzentration. Das Nachdenken ist natürlich noch wichtig um sich eine eigene Meinung zu machen. Aber wir haben einen mehr oder weniger ausgeprägten Negativdetektor im Kopf. Er merkt sich besonders Fehler und Misserfolge, denn es ist wichtig sie zu verbessern. Das Positive läuft von alleine erfolgreich. Pessimisten haben aber an allem etwas auszusetzen. Während sich Optimisten bei Regenwetter noch an das Gedeihen der Blumen und Pflanzen erfreuen können. Gerade längeres Grübeln führt schnell in eine depressive Stimmung. Besonders nachts vor dem Einschlafen kann das sehr lästig sein. Unter gelegentlichen Einschlafproblemen leidet inzwischen jeder zweite Deutsche.[17] Als Ursache für die negativen Gedanken kann das fehlende Licht angesehen werden.[10] Zudem ist das warten auf das Einschlafen lästig. Dabei fehlt eine Tätigkeit auf die du dich konzentrieren kannst. Deshalb ist es dann auch ganz gut noch mal aufzustehen um sich abzulenken und dabei dann Flow zu erleben.

Auch viele Medien machen ein Geschäft mit der Angst. („There is no news like bad news" heißt es in den USA).[5] Gerade in Zeiten der Wirtschaftskrise blühen Weltunterganz Propheten auf.[35] Bereits in der Bibel sind Weltuntergangszenarien zu finden. Im Mittelalter waren die Menschen sicher von einer Pest oder einem abstürzenden Kometen ausgelöscht zu werden. Auch in unseren Tagen gibt es Apokalyptische Reiter. Die Menschen hatten Angst vor der Vogelgrippe, dem Millenium-Bug, die Erderwärmung und zuletzt von der Wirtschaftskrise ausgelöscht zu werden. Alle vorherigen Untergangs Prophezeiungen haben sich nie erfüllt. Die Medien denken sich mit allen rhetorischen Mitteln neue Untergangszenarien aus um mit den Schlagzeilen die Aufmerksamkeit der Massen zu bekommen. Friedrich Sieburg hat sogar eine Erklärung für „die Lust am Untergang" gefunden. [35] Der Alltag mit den tristen Problemen ist langweilig, aber eine bevorstehende Katastrophe hoch interessant. Die Menschen sehen es als ein Ereignis den Untergang live zu erleben.(in etwa so als ob auf einmal in Deutschland eine Atombombe einschlägt.) Morgens nach dem aufstehen schlechte Nachrichten in der Zeitung zu lesen ist besonders gefährlich. Morgens schwingt das Gehirn noch im AlphawellenModus. Dabei prägt sich alles besonders ein. Ich habe die Informationen aus dem Spiegel.[35] Es gibt also auch positive Nachrichten in Zeitschriften und Zeitungen und vor allem Büchern. Vielleicht kannst du dich an diesen Satz erinnern, wenn du das nächste mal ins Grübeln kommst: **„Das Hauptproblem des Menschen des 21. Jahrhunderts ist, wenn es ihm schlecht geht und er anfängt über alles nachzudenken er ganz schnell darüber nachdenkt was alles in der Welt ungerecht ist und verkehrt läuft anstelle über die eigenen Probleme nachzudenken. Und er dann auch nicht lange genug ein und ausatmet,**

sondern sich in Kurzatmigkeit befindet, mit hohem Pulsschlag und ohne sein Körpergefühl dabei wahr zu nehmen."

Am liebsten lese ich wöchentlich oder monatlich erscheinende Zeitschriften, weil sie einfach qualitative deutliche detailliertere und auch mehr durchdachte Informationen liefern. So interessiere ich mich dann durchaus auch für die Geschehnisse in der Welt. Natürlich denke ich über die Nachrichten und andere Texte die ich gelesen habe direkt anschließend auch nach. Mir reicht es aber zu politischen Themen einen Überblick zu haben. News und Videos zum Thema Fußball schaue ich mir auch immer sehr gerne an. Aber schon aus zeitlichen Gründen kann ich mich nicht detailliert mit allen möglichen Nachrichten befassen. Aber zu den wichtigsten Themen auf der Welt bilde ich mir dann auch eine eigene Meinung und ich überlege mir einen Zusammenhang zum Weltgeschehen. In meinen Überlegungen lasse ich natürlich mein Wissen und meine Erfahrung einfließen. Dadurch bilde ich mir dann auch ziemlich schnell eine eigene Meinung bzw. ein Lösungsweg zu dem Thema fällt mir ziemlich schnell ein.

Die Welt für kommende Generationen zu erhalten halte ich sehr sehr wichtig. In der Evolution sind 98% aller Arten ausgestorben.[27] Aufgrund des Klimawandelns ist der Homo Sapiens bedroht. Ich halte es für den Sinn des Lebens seine Gene weiter zu geben und für das Überleben der Nachkommen zu sorgen. Das menschliche Gehirn ist so komplex und alle Körperfunktionsind so hoch entwickelt, dass die Entstehung des Menschen schon fast ein Wunder ist. Aus dem Grund wünsche ich mir das Überleben des Homo Sapiens. Zudem ist die Zivilisation echt schon sehr weit voran geschritten und die Lebensqualität sehr hoch. Ich wünsche mir, dass es nochlange weiter geht und ich glaube auch an die Menschheit. Es gibt viele kreative Menschen die durch innovative Ideen Lösungen für Probleme fanden. Zudem scheint der ganze Westen dabei auch zusammen zu arbeiten.

Ich beschäftige mich mit dem Klimawandel während meiner ersten Jugend forscht Arbeit. Auch hielt ich ein spannendes Referat zu dem Thema. Jeder sollte zu dem Thema eine Meinung entwickeln. „Je unklarer unsere Befürchtungen bleiben, desto schlimmer werden sie. Viel besser ist es, betont Psychologin Wolf, sich ganz konkret mit der Situation auseinanderzusetzen, das Problem anzupacken: Was genau kann schlimmstenfalls passieren und was kann ich dann tun?"[28] Im folgenden Abschnitt setze ich mich mit dem Klimawandel auseinander. Und ich habe ein Worstcase Szenario erstellt.

In der Agenda 2050 haben weltweite Wissenschaftler die wichtigsten Aufgaben für die Zukunft zusammengestellt.[13] Durch das Lesen des Textes: „Menschheit auf dem Scheideweg" (die Agenda 2050) habe ich wieder Hoffnung für den blauen Planeten und ihre Menschen bekommen, weil in der Agenda ein konkreter Plan zum Erhalt des Homo Sapiens steht. Die Agenda 2050 findest du auf http://www.spektrum.de/artikel/854502&_z=798888.Das Hauptproblem ist die zu schnell wachsende Bevölkerung in den neu entstehenden Industriestaaten. Die Nahrungsversorgung wird knapp. Zudem verbrauchen die zu vielen Menschen die nachwachsenden Rohstoffe schneller, als sie nachwachsen. Der schnell sinkende Fischvorrat ist bald ganz aufgebraucht (siehe Bild auf Seite 45). Durch das Abholzen der Waldgebiete kann das Ozon Gas CO_2 immer weniger absorbieren (siehe Bild).

Zu diesen Themen sollte sich jeder eine eigene Meinung entwickeln. Dabei kann auch kein Gott helfen. Aber selbst die konservativen Politiker haben erkannt, dass ihre Wähler (weiterhin) in einer intakten Umwelt leben wollen. Dafür ist es notwendig auf erneuerbare Energien umzusteigen.[15] Es gilt jetzt schnell Maßnahmen zu ergreifen ...(solange es noch möglich ist!) [13]

In Afrika gibt es Projekte in denen die Wälder wieder aufgeforstet werden. Dafür ist es nicht einmal notwendig zu spenden. Die Projekte sind eine sehr gute Kapitalanlage auf die es gute Zinsen gibt. Die Fischvorräte in den Meeren werden zwar immer knapper. Aber es werden auch Fische gezüchtet. Es gibt auch Züchter die auf biologische Qualität und Nachhaltigkeit achten.

Um den Klimawandel zu stoppen sollte sich jeder Mensch überlegen, wie er Energie einsparen kann? Wir haben bei uns Zuhause Sonnenkollektoren auf dem Dach (meine Großeltern) für die Warmwassergewinnung, wir benutzen Kippschalter und haben so viele wie mögliche Energiesparlampen. Ich kaufe auch immer Bioprodukte mit Fair Trade Siegel oder die spezielle Unterstützung von WWF. Du hast also als Verbraucher durch aus die Möglichkeit mit deinem Geld Einfluss zu nehmen und dir sollte klar sein du förderst mit deinem Kauf die Produkte für die du dein Geld ausgibst.

Wie bin ich von der Klimakatastrophe betroffen?
Im Nahen Osten und besonders in Syrien herrschen seit ca. 10 Jahren ständig Dürre Perioden, wodurch die Bauern kaum noch überleben. Dadurch wird es dem Alkaida und der ISIS ganz leicht Syrische Bauern für ihre Terroristischen Ziele zu bekommen. Die Klimakatastrophe liegt also nicht erst irgend wann in der Zukunft sondern bereits jetzt sind die Verheerenden Auswirkungen zu merken und haben ganz negativen Einfluss. Zu Bedenken sei schließlich Alkaida finanziert sich durch Opium und Haschisch, sprich Drogenhandel. Nun ja durch die Bomben und die Finanzierung des Militärs werden noch mehr Wälder zerstört.
Aber wie bin ich nun selber von der Klimakatastrophe betroffen. Die Küsten nahen Gebiete werden überschwemmt. Wer dort wohnt muss ins Landesinnere ziehen. Oder die Dämme müssen vorher erhöht werden. Falls einige Teile Deutschlands überschwemmt werden, dann wird Deutschland kleiner. Zurzeit geht die Einwohnerzahl langsam zurück. Die sinkende Bevölkerungszahl gleicht sich mit der reduzierten Fläche also aus. Die Temperaturen in Deutschland steigen auf Süd europäisches Niveau an. Für Deutschland hat das nicht so schlimme Folgen, weil im Augenblick die Süd Europäer mit ihren höheren Temperaturen auch zurechtkommen. (Laut Studien gehört Deutschland tatsächlich zu den Ländern die am wenigsten von der Klimakatastrophe betroffen sind.)
Die Überbevölkerung in den Entwicklungsländern bleibt noch als ernstes Thema bestehen. Die Entwicklungsländer da drüber aufklären und Kampagnen starten könnte da gegen helfen. Kondome sollte es in solchen Ländern kostenlos geben, zumal in Entwicklungsländern sich Aids zum Teil stark ausbreitet. Dazu kann es auch helfen die Bevölkerung über die schlimmen Folgen des Aids aufzuklären. In China hat man bereits eine gute Regelung gefunden, denn dort darf jede Familie nur ein Kind haben. Das Recht für jedes weitere Kind muss gegen viel Geld erkauft werden.
Im schlimmsten Fall kann es Kriege um Wasser und Nahrungsmittel geben.[14] Durch die Kriege werden sich die Einwohnerzahlen von selbst regulieren. Das die hoch entwickelten westlichen Länder als Sieger aus den Kriegen hervor gehen, dürfte wohl klar sein. Amerika ist ja sogar schon in der Lage Abfangraketen für Atombomben zu bauen. Außerdem hat die NSA wahrscheinlich gerade sogar auf dem Schirm das du mein Buch online ließt oder PDF Dokument. In den Industrienationen bleibt die Geburtenrate recht konstant.

Gute Literatur gibt detaillierte Informationen zu einem Thema. Oft sind dort bereits Lösungsansätze für Gedankliche Probleme zu finden. Statt über den Sinn des Lebens zu Grübeln hilft es auch philosophische Bücher zu lesen. Die Philosophen können schnell den Sinn des Lebens beantworten. Die Verbreitung und Erforschung der Wissenschaften halte ich bereits für den Sinn des Lebens. In meiner Arbeit vermittele ich auch viel wichtiges Wissen. Das Lernen hilft in der Welt zurecht zu kommen. Viele Erfindungen konnten den Lebensstandart erhöhen. Wir können über den hohen Bildungsstand der westlichen Kultur stolz sein!

Leider entfremdet sich die (zu) schnelle technische Entwicklung von der Natur des Menschen. Obwohl gerade der Mensch bei der ursprünglichen Arbeit in der Natur (z.B. Gartenarbeit oder Laufen wie ein Steinzeit Jäger) ein starkes Flow Erlebnis hat.[3]
Aber viele Menschen sind in virtuelle Fernseh und Computerwelten

geflüchtet.

Als Jugendlicher habe ich auch viel Computer gespielt und die Computerspiele hatten da mals schon ein großes Suchtpotential. Dementsprechend waren sie auch ein echter Zeit fresser. Vor dem Bildschirm zu sitzen führt zu Kommunikationsarmut und Einsamkeit. Das größte **Problem** daran ist, dass man durch die Computersucht nicht aktive seine Freizeit plant und man nur alleine vor dem Bildschirm sitzt. Viele Jugendliche finden sich damit ab in der Freizeit alleine vor dem Computer zu sitzen. Die Computersucht entsteht ja auch nur, da die Computer spiele viel Spaß machen. Später leidet man dann im Leben, da man durch die sozialen Defizite auch nur ganz schwer einen Le benspartner findet. (Wenn man mit der ganzen Familie sich einen Film im Fernsehen ansieht wird sich meistens auch an geschwiegen, da man ja sich auf den Film konzen trieren will. Nach meiner Erfahrung unterhält man sich nur über den Spielfilm, wenn man ihn zusammen ihm Kino angesehen hat.) Übermäßiger Bildschirmmedien Kon sum wirkt sich zudem sehr negative auf die schulische Leistung aus.[54] *Da ich von meiner Mutter gelernt habe, dass die Schule sehr wichtig ist habe ich aber immer meine Hausaufgaben gemacht und gelernt. Dementsprechend hatte ich dann auch Noten im 2er Bereich auf dem Gymnasium.* Viele Jugendliche spielen Egoshoter um ihre Aggressio nen abzubauen. Die Erfolgserlebnisse beim erschießen von virtuellen Personen geben auch erst das Gefühl Aggressionen abzubauen. Aber in echt verstärken sich die Ag gressiven Gedanken während man die Egoshohter spielt. Entscheidend ist auch die Dosis: Laut vielen wissenschaftlichen Studien verbringen im Durchschnitt einer Woche (mit dem Wochenende) amerikanische Jugendliche mehr Zeit vor dem Fernseher und Computer (8 Stunden am Tag) als in der Schule! Natür lich ist dies für Kinder und Jugendliche schlimmer als für Erwachsene, da deren Ge hirn (von den Kindern) noch in der Entwicklung ist. Besonders gefährdet sind Jugendliche bei denen beide Elternteile arbeiten. Findest du es gut, dass durchschnittliche Jugendliche mehr Zeit in einer virtuellen Welt verbringen als in der Realität? Bei Tag träumen hat man wenigstens noch einen Bezug zur eigenen Realität.

Ein viel friedlicher Weg Aggressionen los zu werden sind Lachmeditationen![59] Vor al lem wirst du die Aggressionen dadurch wirklich los. Ansonsten regt man sich oft noch lange darüber auf. Durch die kreisenden Gedanken an den Konflikt entstehen dann noch lange Stresshormone. Während des Lachens werden nicht nur die Aggressionen abgebaut, sondern dein Immunsystem produziert auch Killerzellen die dich deutlich stärken. Meine Augenränder reduzieren sich auch immer während ich eine Lachmedi tation mache und ich identifiziere mich nicht mit möglichen negativen Vorurteilen die andere Menschen vor mir haben könnten. Auch die Psyche wird dadurch gestärkt, da Lachmeditation einen ja auch grundlos glücklich machen können. Dabei wirst du dann feststellen das du in lustigen Serien wie den Simpsons oder Two and a Half man viel öfter die lustigen Stellen wahrnehmen und herzhaft lachen kannst. *Ich habe von bei den Serien auch einige Staffeln auf DVD. Ich habe sie mir immer gerne auf Englisch ange sehen.* Als ich im Jahre 2009 am Abendgymnasium in der 12. Klasse war habe ich dann immer alle Mitschüler mit meinem Lachen angesteckt. Mich hat es dann auch immer voll glücklich gemacht meine Mitschüler lachen zu sehen. Sie mochten mich auch und sie haben mich auch fast alle Respektiert, weil ich so intelligent bin.

Ich habe in meiner Jugend nach Intelligenz gestrebt. Meiner Meinung nach ist hohe Intelligenz dann wertvoll, wenn sie für den Sinn des Lebens eingesetzt wird. Dann ist es auch gut die Intelligenz zu fördern. Ich erlebe viel Flow bei Tätigkeiten, die das Gehirn trainieren.

 Zudem ist es der Sinn des Lebens Spaß (Flow) am Leben zu finden. Nur wer sein Leben genießt kann sich noch drauf freuen. In der Evolution ist es nur wichtig genug zu essen, zu trinken und sich fortzupflanzen. Es ist nicht notwendig glücklich zu sein um sich fortzupflanzen, sondern die Fittesten überleben. Aus dem Grund hat sich die Menschheit nicht zum Glück hin entwickelt. Aber ich halte es trotzdem wichtig gut gelaunt zu sein, weil dadurch das Leben schöner ist. Der Mensch hat Glücksmomente, wenn seine Erwartungen übertroffen werden. Er also positiv überrascht wurde. Schüler freuen sich besonders über gute Noten, wenn sie eine schlechtere Note erwartet haben.

Klein Schöppenstedt, den 6.12.2008: Mein Mp3 Player ging heute kaputt. Ich ärgerte mich dolle. Ich war eh schon etwas schlecht gelaunt. Nachdem der Mp3 Player kaputt ging sank meine Laune ganz in den Keller. Mein Vater meinte, es wäre nur der Akku alle. Ich überprüfte es, indem ich den Mp3 Player am Computer anschloss. Es funktionierte immer noch nicht. Später bekam ich die Idee, die Raset Taste zu drücken. Aber ich hatte Bedenken, dass meine ganzen guten Ideen vom heutigen Tag verloren gingen. Ich hatte gute Einfälle auf das Diktiergerät gesprochen. Ich hatte Angst die Ideen für immer zu verlieren. Nachdem ich dann auf den Raset Knopf drückte, stellte ich zumindest schon einmal fest, dass der Mp3 Player wieder funktioniert. Die Dateien waren auch erhalten geblieben. Dieser Befund hat mich riesig gefreut. Ich bin gleich wieder viel besser drauf.

Für mich machen Flow Erlebnisse das Leben aus. Für sie lohnt es sich zu Leben. Mit meinem Projekt Lebensgenuss im Flow setzte ich mich für schöne Erlebnisse ein. Aber um gemeinsam Leben zu können gibt es auch viele sinnvolle Pflichten. Erfüllte Pflichten geben einem das positive Gefühl etwas geschafft zu haben. Lottogewinner können sich zwar alles kaufen und sie müssten keine Pflichten mehr erfüllen. Aber dann fehlt ihnen genauso wie Arbeitslosen die sinnvolle Beschäftigung. Dann merkt man schnell nichts Sinnvolles zu erreichen.

Nach neusten Erkenntnissen aus der Gehirnforschung trifft das Bewusstsein nicht die Entscheidungen. Das Unterbewusstsein bestimmt das Handeln. Das Bewusstsein ist nur der Regierungssprecher. Du erfährst die Entscheidungen des Unterbewusstseins über dein Bewusstsein. Das Bewusstsein kann aber auch Urteilen und somit eigene Meinungen bilden. Gerade bei der Planung von schönen bevorstehenden Ereignissen sind meine Gedanken auch sehr schön. Während des Emotionsbuch Schreibens nehme ich mir auch Zeit um über persönliche Themen Nachzudenken. Meine Gedanken und Emotionen schreibe ich in das Buch. Dort kann ich sie jederzeit wieder nachlesen. Ich erkläre diese sehr nützliche Methode im nächsten Kapitel. Durch regelmäßige Gespräche, Bücher oder Psychologische Suggestionen können Programme des Unterbewusstseins sich auch positive verändern.

Depressive Menschen können aber nicht mehr aufhören zu denken. Es verhindert die Konzentration. Dadurch fehlt der Flow. „90 Prozent aller Depressionen werden durch Stress ausgelöst",[26] erklärt die Psychiaterin Perera. „Chronischer Stress verhindert, dass im Hippocampus neue Nervenzellen entstehen. Das führt dazu, dass ein Mensch gerade kleine Veränderungen in seiner Umgebung nicht mehr wahrnimmt. Er merkt schon gar nicht mehr, wenn sich Dinge allmählich zum positiven Besseren wenden, sondern er bleibt dauerhaft in düsterer Verfassung – und genau das nennen Psychiater eine Depression. Die Verkleinerung des Gehirnareals Hippocampus ist eines der Auffälligkeiten von depressiven Menschen.[18] Zum einen ist der Hippocampus für das Gedächtnis zuständig. Aufgrund des kleineren Hippocampus können gestresste Menschen schlechter lernen. Zum anderen ist der Hippocampus für die Verarbeitung von Gefühlen zuständig. Beides ist aber reversibel.[26] Aufgrund dieser Entdeckung ist das Gehirnareal Hippocampus der zurzeit am meisten erforschte Teil des Gehirns. Wissenschaftler fanden heraus, dass zum Beispiel beim Laufen das Protein BDNF im Gehirn gebildet wird. Es sorgt für neue Nervenzellen im Hippocampus. Durch die neuen Nerverzellen im Hippocampus kann das Gehirn wieder lernen Gefühle zu verarbeiten. Eine andere Möglichkeit zugriff zu den Gefühlen zu bekommen wurde bereits beim Musizieren erwähnt. Auch während einer Meditation sprießen neue Gehirnzellen im Hippocampus.[26] Das Protein entsteht immer im Muskel.

Die zweite Auffälligkeit bei depressiven Menschen ist das fehlen des Glücks Botenstoff Serotonin im Gehirn. Einer Umfrage zufolge eines der bedeutendsten

Philosophen der Gegenwart: Savoj Ziziek nehmen 24 von 25 Psychotherapeuten Antidepressiva. („Prosak", „Citalopram" oder andere Antidepressiva) In den USA nehmen angeblich 20% 30% aller Erwachsenen Psychopharmaka – und 80% der Akademiker.[8] Das Antidepressiva speichert Serotonin im Gehirn. Mangel an Serotonin senkt die Stimmung und ist ein Grund für Einschlafprobleme.[17] Leider hat Antidepressiva ausgerechnet die Nebenwirkung des fehlenden Orgasmus.[12] Daher fehlt die heilende Wirkung des (Safer) Sex durch Trance. Um das noch mal deutlicher zu machen, viele der gängigen chemischen Antidepressiva verursachen Erektionsprobleme. Ein anderes Wort dafür ist Impotenz. (Leider ist vielen der meist eher schüchternen und depressiven Patienten zu peinlich dies ihrem Psychiater zu sagen. Und finden sich dann damit ab, dass sie durch ihr Antidepressiva Impotent geworden sind.)

Alle „Forever Young" Leser wissen, dass sich der Körper Serotonin (das körpereigene Antidepressiva) aus der Aminosäure Tryptophan bildet.[1] Dazu benötigt es noch Magnesium, Zink und Omega 3. Viel Tryptophan befindet sich in hochwertigen Proteinshakes. Magnesiumcitrat, Zink und Omega 3 können ergänzt werden. Ich finde dies besser als chemische Medikamente zu nehmen. Für den Menschen gut verfügbares Omega 3 befindet sich auch in Mehresfisch. Umgewandelt wird die Aminosäure zu Serotonin beim fröhlich lächelndem leichten Laufen, genauso wie in der Sonne, hören von schöner Musik, sozialer Bestätigung, essen von Schokolade, trinken von Kaffee und beim Lachen. In den dunklen Wintermonaten tanke ich Licht mit einer 10.000 Lux Lampe. Sie ist heller als ein Solarium und fast so hell wie die Sonne. Es tut richtig gut sich davor zu setzen. Das Gehirn eines gesunden Menschen kann sich somit die ausreichende Menge an Serotonin selbst dosieren.

Durch das Aufschreiben meiner Lebenseinstellung hat sie sich verfestigt. Ich muss nicht mehr ständig drüber nachdenken.

Jedem Menschen geht es mal schlecht. Er fängt an zu Grübeln und hat negative Gedanken. In dem folgenden Auszug aus einem Interview mit Dr. Ulrich Strunz (Fitnesspapst) und Gottlieb Guntern (ehemaliger Psychiater, Kreativitätsforscher und Coach) kannst du Strategien finden um aus einem gelegentlichen Tief heraus zu kommen.

Strunz: Was raten sie gegen akute Kreativitäts Blockaden, wenn man über ein Problem grübelt und einfach nicht weiterkommt?

Gunter: Da gibt es eigentlich nur eines: Zelte abbrechen und raus. Umwelt verändern. Weg in die nächste Bar oder wo immer man eine ganz andere Welt trifft. Und ja nicht über das Thema sprechen, das die Blockade verursacht hat. Bloß nicht versuchen, schnell eine Lösung herbeizuführen. Wenn man den Kopf dann wieder frei hat, geht es sehr oft von allein weiter.

Kommentar: Es ist also wichtig erst mal Abstand zu den Problemen zu gewinnen. Ich genieße es übrigens auch gelegentlich einfach in andere Welten einzutauchen. Ich spielte lange Fußball und ich spielte auch eine zeit lang Volleyball. Ich bin regelmäßig in einer Jongliere Gruppe.

Eine andere Möglichkeit ist es, seine Musik voll aufzudrehen, allerdings sollte es gerade noch den Nachbarn zuzumuten sein. Dafür habe ich mir schon vorher eine CD zum Pushen ausgewählt. Diese CD lege ich dann in meinen CDSpieler ein und ich drehe die Lautstärke hoch. Dann bekomme ich wieder Kraft und ich erinnre mich an meine Stärken. So bekomme ich das Gefühl, dass ich die Situationen unter Kontrolle habe.

Um sich von dem Druck zu lösen hilft der Formel 1 Reflex. Der Formel 1 Reflex kommt ursprünglich aus der Psychiatrie, aber ich las über ihn im Mentalprogramm von Dr. Ulrich Strunz. Ich wende ihn vor und nach stressigen Situationen an. Hierzu drücke ich mit aller Kraft die Schultern zum Boden und ich atme dabei langsam aus. Dabei spüre ich einen Impuls in den Füßen. Durch den Reflex senkt sich das Stress Hormon Kortisol. Wenn man sich einer stressigen Situation ausgeliefert fühlt steigt das Stresshormon Kortisol an. Ein hoher Kortisol Spiegel kann dann sogar zu Kopfschmerzen, Rückenschmerzen und Einschlafproblemen führen. Diese Leiden lassen sich alle mit dem Formel 1 Reflex beheben. Mir tut der Formel 1 Reflex richtig gut. Ich merke wie ich mich dabei entspanne und Druck abbaue. Kannst du ja einfach mal ausprobieren. Du musst nur beim ausatmen die Schultern mit voller Kraft zum Boden drücken. Dabei solltest du dann einen Impuls in den Füßen spüren. Am leichtesten geht es im stehen. Dabei merke ich richtig wie der Druck von mit abfällt. Regelmäßiges Laufen senkt auch den Kortisol Stress.

Gerade war ich beim Volleyball. Sven begrüßte mich gleich als ich herein kam. Bis auf den Trainer waren alle freundlich. Wir spielten zum aufwärmen Hockey. Es lief ganz gut für mich, deshalb bereitete es Spaß. Auch das Volleyballspielen klappte gut. Ich habe für meinen Schmetterball ein Lob bekommen. Während des Volleyballs konnte ich gut vom Alltag abschalten.

Klein Schöppenstedt, den 15. Jan. 2009: Heute habe ich die Strategien angewendet um aus meinem Tief heraus zu kommen. Ich ärgerte mich heute morgen, weil Oma mich so unfreundlich geweckt hat. Als trotz Reaktion blieb ich dann im Bett liegen. Dabei bekam ich negative Gedanken. Bald störte es mich auch meine Zeit mit gammeln zu verschwenden. Dann fiel mir wieder ein, wie ich mir in solchen Situationen helfe. Ich hörte mit voller Lautstärke meine Lieblingsmusik. Dabei konnte ich mich wieder an meine Stärken erinnern. Es motivierte mich wieder meine Aufgaben anzupacken. Erstmal ging ich allerdings noch Laufen. Ausdauersport ist sehr gut geeignet um Stress abzubauen.

Klein Schöppenstedt, den 29. Oktober 2013: Zur Zeit habe ich immer den Luxus, dass mein Opa oder meine Oma mich eine halbe Stunde vor dem Mittag Essen wecken. Sie stellen mir dann immer einen frischen Kaffee aus ihrem Kaffeeautomaten an die Tür. Dafür bin ich immer sehr dankbar!

Kampf oder Flucht ist die angeborene Reaktion auf Bedrohungen und Belastungen. Körperliche Aktivität ist aus dem Grund das beste Mittel gegen Stress.[26]

Klein Schöppenstedt, im März: Ich hatte vor drei Tagen aufgehört zu rauchen. Jetzt hatte ich ein großes Verlangen nach einer Zigarette, ich hatte sogar zu nichts anderem mehr Lust. Ich konnte mich zu nichts mehr motivieren, mein Antrieb war weg. Ich rief schon meinen Psychiater an und ich war kurz davor wieder in die Klinik zu gehen. Dann konnte ich zum Glück noch etwas Energie frei setzen und mir mein Jogging Dress überziehen. Ich lief mehr als 20 km! Ich fing wieder an positive Gedanken zu fassen und ich bekam Lust zu Hause Abendbrot zu essen. Ich bin also meinen Depressionen davon gelaufen. Zu Hause war ich ganz stolz alleine aus meinem Tief heraus gekommen zu sein. Allerdings habe ich mir dann am Abend noch eine Havanna angezündet. [Jetzte nehme ich Schnupftabak ein. Ich ziehe es wie eine Line Koks. Schnupftabak ist günstiger,weil darauf keine Tabaksteuer ist. Es entsteht keine Flamme beim konsumieren, wodurch es längst nicht so Krebs erregend ist. Und vorallem ist in Schnupftabak kein Kohlenmonoxid entalten wodurch die Rotenblutkörperchen nicht zerstört werden. Die Umstellung von

Zigaretten auf Schnupftabak war ganz einfach, da Schnupftabak auch viel Nikotin enthält.

7. Sollte man versuchen immer Flow zu erleben und achtsam zu sein oder ist es sinnvoll manchmal konzentriert nachzudenken?

Das positive läuft von alleine weiter und das ist gut so! Aber negative Gedanken überfallen uns oft nach negativen emotionalen Erlebnissen. Du solltest dann auch mal kritisch über dein Verhalten nachdenken. Aber direkt nach einem negativen Emotionalen Erlebnis wird es oft überbewertet. Wie gesagt die angeboren Reaktion ist Kampf oder Flucht. Nach einem negativen emotionalen Erlebnis wird es wohl schon zu spät für den Kampf sein. Deshalb Vorsicht: Ängste verursachen nur aggressive Gedanken die dich selber belasten können. Aber du wirst dich wahrscheinlich über die Menschen aus der negativen Situation ärgern. Spreche das ruhig das nächste mal an. Es folgt dann aber zunächst unausweichlich die Reaktion Flucht. Am besten ist es dann erstmal draußen einen Spaziergang zu machen. Dabei bekommt man sowohl Abstand zu der Situation aber man kann auch kritisch darüber nachdenken. Am besten gehst du Walken oder wenn du willst auch Joggen. Dabei hast du Zeit um über die Situation nachzudenken. Auch abends in der Dunkelheit kannst du noch einen Spaziergang vor dem Schlafen machen. Leider kann der Mensch sich bei negativer Stimmung nur an die schlechten Erlebnisse erinnern. Denke ruhig kritisch über die Situation nach. Schreibe dir anschließend deine Gedanken auf. Dadurch wird die Selbstreflektion deutlich leichter. Du siehst deine Gedanken und zu anderem ist das Schreiben von der Bedeutung so ähnlich als würdest du sie aussprechen in einem Gespräch. Dann wirst du es dir zum einen auf jeden Fall trauen es bei nächsten mal anzusprechen. Zum anderen kann es sonst passieren, dass du vor dem einschlafen nochmal die ganz Zeit über die Situation nachdenkst. Dies kann sehr quälend sein und dabei kannst du auch noch Angst haben deine Gedanken zu vergessen. Aus dem Grund schreibe dir lieber alle Gedanken auf wie du darauf regieren willst. Schreibe dir die Gedanken auf einen Zettel oder wie viele Geschäftsleute in deinen Terminkalender. Dann kannst du deine Gedanken zu der Situation abschließen.

Freitag, den 2. November 2013: Ich bin dankbar, dass ich in der Schule schreiben und lesen gelernt habe. Es ist sehr praktisch, dass ein Papier sich meine Gedanken merkt. Ich kann sie dann jeder Zeit wieder nachlesen. So muss ich mir keine Sorgen machen ich könnte sie vergessen. Es ist sehr hilfreich, dass ich alte wichtige Gedanken wieder nachlesen kann.

Oft merkt man im nach hinein, dass man die Situation völlig überbewertet hat. Aus dem Grund ist es auch sehr nützlich sich erst abzulenken. Dabei kannst du wieder entspannen. Auch kannst du dabei wieder Flow erleben. Dann bekommst du automatisch auch wieder schöne Gedanken. Oft stellt man fest, die Befürchtungen waren gar nicht so schlimm und beim nächsten zusammentreffen hat die Zeit schon die Wunden geheilt.

Allerdings musst du kritisch über dich und andere Menschen nachdenken, wenn du wirklich etwas verändern willst. Dazu solltest du drei aufeinander folgende Tage für je 20 Minuten über dieses Thema schreiben. Diese Methode wird auch in der Psychologie als expressives Schreiben bezeichnet. Dabei schreibst du dann aber nicht nur über ein Problem aus den letzten 24 Stunden deines Alltags. Dies ist viel zu banal. Du musst eine gesamt Analyse über das Problem bzw. Thema schreiben. Nehme dir wirklich drei aufeinander folgende Tage Zeit um über dieses Thema zu schreiben. **Ein klarer Vorteil am Schreiben ist, du denkst dabei wirklich konzentriert nach!**

Ansonsten würde dich dieses Problem vermutlich immer weiter quälen. Aus dem Grund kann das expressive Schreiben dir helfen. Nachdem du drei aufeinander folgende Tage zu diesem speziellen Thema geschrieben hast, Dann kannst du deine Gedanken und Gefühle zu diesem Thema in geordneter Form wieder jeder Zeit nachlesen.

Ich habe das expressive Schreiben aus dem Buch „Liebesbriefe & Einkaufszentren, Meditation im und um den Kopf" von Prof. Manfred Spitzer gelernt. In dem Buch sind die

Artikel aus der Zeitschrift Nervenheilkunde veröffentlicht. Die Zeitschrift Nervenheilkunde bekommen alle Psychiater in Deutschland monatlich zugeschickt. Das Kapitel Liebesbriefe aus dem Buch war echt sehr nützlich für mich, da in dem Kapitel das expressive Schreiben erklärt wird. Auch Studien werden zitiert in denen der hohe Nutzen des expressiven Schreibens erforscht wurde. Das expressive Schreiben reduziert Arzt Besuche, lindert Depressionen und stärkte das Immunsystem. Zudem verbessert es auch deine Noten an der Schule und an der Universität.[22]

Auf diesem Link (Nervenheilkunde expressives Schreiben) kannst du dir alles dazu durchlesen und auf diesem Link (Gehirn und Geist Folge Liebesbriefe) kannst du dir die 15 Minütige Dokumention von Prof. Manfred Spitzer auf Bayer Alpha ansehen. Durch diese Methode kannst du lernen sehr emotionale Erlebnisse aus der Vergangenheit zu verarbeiten.

Aber auch Probleme lassen sich mit dieser Technik sehr gut analysieren. Schreibe zunächst deine Gedanken zu dem Thema am ersten Tag auf als gesamt Analyse. Dein Unterbewusstsein wird sich jetzt weiter mit dem Thema beschäftigen. Am nächsten Tag fallen dir wahrscheinlich schon neue Aspekte zu dem Thema ein Schreibe jetzt am 2. Tag auch deine Gefühle zu diesem Thema auf. Spätestens am 3. Tag werden dir wohl auch schon Lösungswege einfallen. Schreibe aber weiterhin deine Gefühle zu diesem Thema auf. (Gebe einfach „liebesbriefe prof. manfred spitzer." bei google ein. Dann findest du die Folge 92 „Liebesbriefe" von der Geist und Gehirn Sendung.)

Meine Gefühle und Emotionen zu einem Thema auf zu schreiben viel mir zunächst schwer. Aber das expressive Schreiben lässt sich lernen. Jeden Tag schrieb ich immer Gefühlsbetonter. Der positive Effekt des expressiven Schreibens zeigte sich gerade bei Menschen, die beim expressiven schreiben das emotionale Schreiben lernten und aus dem Grund jeden Tag immer mehr ihre Gefühle zum Ausdruck brachten.

Klein Schöppenstedt, den 1. Januar 2009: Bei dem expressiven Schreiben habe ich richtig gefühlsmäßig gespürt, dass es mir gut tut! Ich habe das Gefühl verstanden zu werden. Ich kann meinem Emotionsbuch vertrauen.

Ich schreibe an drei aufeinander folgenden Tagen zu dem Thema meine Gedanken und Gefühle auf. Mein Unterbewusstsein beschäftigt sich inzwischen weiter mit dem Thema. Am 2. Tag hatte sich meine Meinung schon weiter entwickelt. Ich habe neue Aspekte des Themas festgestellt.

Inzwischen habe ich zu mehreren sehr persönlichen Themen geschrieben. Ich schrieb inzwischen auch über meine Sexualität, meine Kindheit, Verliebtheit, Mobbing, meine psychische Behandlung in der Klinik, bei dem Psychotherapeuten Herr Freisberg und mein Aufenthalt in Los Angeles als Austauschschüler in Englischer Sprache. Es hat bei mir auch Emotionen ausgelöst. Bei dem Gedanken an mein Emotionsbuch liefen mir kürzlich ein paar Tränen durch das Gesicht. Das tat mir mal ganz gut meine Gefühle zu zulassen.

Ich kann meinem Emotionsbuch alles anvertrauen. Ich habe die Möglichkeit stark belastende Themen meinem Emotionsbuch zu schildern. Alleine durch diesen Gedanken fange ich an meine Gefühle zu dem Thema war zu nehmen. Häufig fange ich dann an zu weinen. Durch das weinen gelingt es mir davon los zu lassen. Danach höre ich auf mich andauernd gedanklich mit dem Thema zu beschäftigen.

Bei dem Schreiben des Emotionsbuches entwickele ich eine feste Meinung. Jetzt kann ich aufhören ständig über das Thema nachzudenken. Dadurch kann ich mich wieder auf meine Tätigkeit konzentrieren und Flow erleben.

Durch das expressive Schreiben habe ich gelernt meine Gefühle zu verstehen. Manchmal gönne ich mir eine Pause um einfach mal meine Gefühle bewusst war zu nehmen. Dabei fasse ich die Gefühle in Worte und Bilder. Ich merke wie schlechte Gefühle weg gehen und sich Anspannungen lösen.

Ich möchte, dass du das expressive Schreiben auch machst! Der Aufwand ist wirklich gering und der nutzen sehr hoch. Überlege dir dazu irgend ein sehr Emotionales Thema aus deinem Leben über das du schon häufig nachgedacht hast.

Wie gesagt ist die Erinnerung stimmungs abhängig. Bei guter Laune schätzen Menschen ihr ganzes Leben positiv ein. Bei schlechter Stimmung kommen nur negative Erinnerungen ins Gedächtnis. Versuchspersonen erlebten schon durch das Finden von Geld ein Erfolgserlebnis. Dadurch trat nämlich eine positive unerwartete Überraschung ein. Nach einer darauf folgenden Umfrage schätzen dann die Versuchspersonen ihr gesamtes Leben viel erfolgreicher und somit glücklicher ein als andere zufällige Versuchspersonen. (Du kannst auch leicht Menschen glücklich machen in dem du Kleingeld auf die Straße wirfst. Dadurch wirst du dann sogar selbst glücklich da du dir vorstellen kannst wie sich ein anderer Mensch beim finden des Geldes freut.) Du kannst deine Erinnerungen aber auch in Form von Photos oder durch ein Tagebuch verewigen. Dann kannst du dir die (schönen) Bilder später noch mal ansehen und deine schönen Erinnerungen an die Zeit noch einmal durchleben. Schreibe ruhig zu den Photos auch noch einen schönen Tagesbucheintrag dazu. Es ist nicht nur toll sich schöne Erinnerungen auf Photos anzusehen, sondern auch sie in Tagesbucheinträgen wieder zu lesen. General werden die schönen Erinnerungen an die Vergangenheit des Menschen immer rosiger. Die Wunden aus der Vergangenheit heilt meistens auch die Zeit.

Der Begründer der positiven Psychologie Seligman hat eine Methode entwickelt durch die du dir jeden Tag die schönsten fünf Erinnerungen aufschreiben und behalten kannst.[62] Schreibe dabei jeden Tag 5 Dinge auf für die du in den letzten 24 Stunden dankbar warst. Selbst an schlechten Tagen werden dir schon 5 Kleinigkeiten einfallen für die du an dem Tag dankbar warst. Es dürfen wirklich Kleinigkeiten sein wie ein leckeres Essen oder ein interessanter Artikel aus dem Internet. Ich bin auch oft sehr dankbar für nützliche Erfindungen die mein Leben bereichern. Wichtig ist nur das Gefühl der Dankbarkeit dabei auch wirklich zuzulassen. Sich später die schönsten Erinnerungen der Vergangen Tage durchzulesen ist auch etwas sehr schönes und beglückendes. Durch das lesen meiner Einträge aus meinem DankTagebuch fühle ich mich deutlich wohler. Durch das führen eines Glückstagebuchs wirst auch du bald feststellen, dass du die positiven Dinge in deinem Leben (auf magischer weiße) anziehst. Mensch freuen sich sehr darüber, wenn du ihnen dankbar bist!

8.) Wird man selbst glücklich, wenn man anderen Menschen etwas Gutes tut?

Ich bedankte mich bei Dr. Ulrich Strunz (siehe Bild auf der nächsten Seite) für sein nützliches Wissen durch einen Brief. Dankbarkeit ist laut Mihaly Csikszentmihalyi die positive Psychologie.[3] Von der Danksagung profitieren beide beteiligten Personen. Die gelobte Person freut sich über ein positives Feedback. Die bedankende Person hat von der anderen Person profitiert, sonst würde sie sich nicht bedanken. Durch die Danksagung wird verdeutlicht, dass jemand gutes Getan hat. Es ist ein Schritt zu einer besseren Welt. Die bedankende Person sieht etwas Positives in der Welt.

In dem Danktagungsbrief stehen Komplimente, die vom Herzen kommen. Andere Menschen etwas Gutes tun macht einen selber glücklich. Man fühlt sich dabei in den Anderen hinein und kann sich freuen ihm etwas Gutes getan zu haben. Ein gutes Gefühl gibt es mir auch Kleingeld auf die Straße zu werfen. Dabei stelle ich mir auch vor, dass sich jemand beim finden des Geldes freut. [43]

Der Österreicher Bernhard Sempel hat mich um Hilfe gebeten. Er glaubte auch eine schizotypische Störung zu haben. Er hatte in einem Forum von mir gelesen. (Wahrscheinlich hatte er aber Depressionen. Dies hatte ihm zu mindestens später ein Psychiater gesagt.) Er wollte von mir Tipps im Umgang mit dieser Erkrankung haben. Heute konnte ich ihm durch meine EMail weiter Helfen. Er meint, durch meine Antwort und das Lesen meines Projektes wieder gut gelaunt geworden zu sein. Ich möchte euch seine Antwort zum lesen geben:
:

Betreff: RE: zervass
   Von: Bernhard Sampel <oidadeiko@hotmail.com>   ins Adressbuch | zum MultiMessenger
      An: <svenmarbach@web.de>
Datum: 26.07.09 22:36:59 Uhr

danke !

Hab gerade alles gellesen !

Echt toll hat mich jetzt voll motieviert

Werde mir morgen jonglierbälle kaufen ,werd mir auch das mentalprogram von strunz im buchhandel anschauen.

mit meinen fuss passt alles wieder für den alltag ,fange jetzt schon an mit muskelaufbau.

laufen kann ich noch nichtr aber radfahren und schwimmen sind kein problem , beim gehen ist alles wieder normal

bin jetzt wieder viel besser gelaunt !
danke berni

Ich habe mich riesig gefreut diese EMail erhalten zu haben!

Ich habe auch schon mal einen Danksagungsbrief geschrieben. Ich möchte euch meinen Danksagungsbrief an Dr. Ulrich Strunz aus dem Jahr 2009 auch zu lesen geben:

Sehr geehrter Herr Dr. Ulrich Strunz,

Sie haben sich den Titel „Fitnesspapst" verdient! Herr Dr.
Ulrich Strunz, Sie sind einer der intelligentesten Menschen die ich kenne. Ich schrieb auch einen Danksagungsbrief an Prof. Manfred Spitzer, ihn zähle ich dazu. Wirklich super finde ich, dass Sie anderen zu schönen Dingen motivieren. Sie wollen wirklich als Fitnesspapst Menschen ein schöneres Leben ermöglichen. Viele Menschen haben einen so starken inneren Wolf in sich, dass sie dazu nicht in der

Lage sind. Vielleicht liegt es an ihrer sehr guten Laune, dass Sie so hilfsbereit sind. Ich danke ihnen dafür!

Ich habe Ihnen bereits schon einen Danksagungsbrief geschrieben. Aber in dem Danksagungsbrief traute ich mich nicht sehr positiv über Sie zu schreiben, weil meine Familie viel Kritik an ihren Methoden äußerte und ich ihnen den Brief vorlas. Die Kritik ist aber meiner Meinung zu Unrecht. Ihre Bücher haben mich geprägt!

Das Erfolgsprogramm hat mich zum Laufen motiviert. Und Ihr Buch das Mentalprogramm ist zu meinem Lieblings Buch geworden. Besonders gut gefallen mir die Interviews mit den Experten. Ich konnte dem Buch viel abgewinnen. Ich habe fast alles aus dem Buch umgesetzt. Ich jogge, gerade bin ich einen Halbmarathon gelaufen. Auch laufe ich in einer Laufgruppe. Es ist eine schöne Erfahrung mit Anderen zu laufen und sich mit ihnen über das Laufen auszutauschen. Ich fühle mich jetzt als Läufer. Langsam werde ich auch selbstbewusster um mich in anderen Gruppen an Gesprächen zu beteiligen.

Den „Formel 1 Reflex" wende ich auch häufig an. Mir tut der „Formel 1 Reflex" richtig gut. Ich merke, wie ich mich dabei entspanne und Druck abbaue. Ich nutze jetzt Wartezeiten zum entspannen. Dabei mache ich den „Formel 1 Reflex" viele Male hintereinander und höre dabei meinen Lieblings instrumentalen Song.

Das Buch hat mich auch zum Jonglieren motiviert. Ich übe täglich mit viel Spaß neue Tricks. Immer wenn ich einen neuen Trick hin bekomme und der Automatismus einsetzt, habe ich ein Erfolgserlebnis. Es ist ein Glücksmoment für mich. Ich bin auch schon mehrmals mit einer Jongliernummer aufgetreten. Das Jonglieren hilft mir Dinge zu durchschauen und dann eigenständige Lösungen zu finden.

Jetzt höre ich sehr gerne Musik. Auch hat mich das Buch motiviert mit anderen Menschen zu musizieren. Gemeinsam zu musizieren macht wirklich sehr viel Spaß. Ich spiele Klavier. Ich habe erst mir 18 Jahren angefangen. Es macht mir trotzdem sehr viel Spaß. Das Klavierspielen gibt mir sehr viel. Ich höre auch gerne die Songs, die ich erlernt habe, über Kopfhörer mit meinem Mp3 Player.

Beim Rauchen denke ich immer an die konzentrations steigernde Wirkung. Und ich bilde mir ein durch Kaffee besser denken zu können. Ich habe auch den Tipp befolgt in der dunklen Jahreszeit zusätzlich Licht zu tanken. Am Anfang war ich im Solarium. Jetzt habe ich eine 10.000 Lux Lampe von Phillips. Licht zu tanken tut sehr gut. Ich habe mir sogar einen Sonnenaufgang imitierenden Wecker gekauft. Es ist endlich mal ein freundlicher Wecker! Gerne mache ich täglich eine 15 Minütige Lachmeditation. Dabei nehme ich immer heitere Gesichtszüge an! Auch wende ich das Lächeln durch den Turboreflex an. Ich merke dadurch Vorurteile überwinden zu können. Zudem entwickele ich dadurch das Gefühl dazu zu gehören. Ich habe auch einen eigenen Lachclub gegründet. Auf meiner Homepage www.lebensgenussim-flow.de finden Sie mehr Infos über meinen Lachclub. Mit mir sind jetzt fünf Mitglieder in meinem Lachclub. Ich freue mich jetzt über jedes Lachen.

All diese Mentaltechniken mache ich mit viel Spaß und Genuss. Auch haben sie mein Interesse an der Gehirnforschung geweckt.

Die neue Diät habe ich mir vor kurzem auch gekauft. Ich ernähre mich jetzt mit viel Eiweiß, Obst und Gemüse. Ich trainiere regelmäßig mit dem Könnerzirkel meine Muskeln. Vor dem Spiegel sehe ich täglich meine wachsende Muskulatur, es freut mich immer wieder aufs Neue.

Am Anfang entwickelte ich durch die Techniken im Mentalprogramm viel Imaginationskraft. Ich habe mir in schönen Tagträumen die Erfüllung meiner Wünsche vorgestellt. Es war unglaublich schön. Leider habe ich mich aber auch immer weiter zurückgezogen. Ich hörte zunächst auf Fußball zu spielen. Dann brach ich die Schule ab. Leben kreative Menschen eigentlich generell zurückgezogen um Kreativitätsblockaden zu vermeiden und autonom zu sein?

Ich dachte ein Burnout zu haben, deshalb wollte ich in die Klinik. Ich dachte dort die Melktechniken aus dem Buch durch einen Psychologen zu erlernen. Ich wollte auch meine emotionale Intelligenz steigern und besser im Umgang mit Mensch werden. In der Klinik bekam ich dann die Diagnose Psychose und Neuroleptika. Dann war es aus mit meinen Tagträumen. Mir war langweilig und ich bekam Depressionen.

Ich hatte sehr viel Spaß beim lernen des Wissens aus dem Buch das Mentalprogramm, dem Jonglieren und Klavierspielen und Tagträumen. Dadurch habe ich glaube ich zuviel Dopamin im Gehirn gehabt und hatte eine Reizüberflutung. Kommt es eigentlich bei viel Dopamin immer zu einer Reizüberflutung? Hilft Omega 3 dagegen? Kommt es durch die Verbindung der beiden Gehirnhälften und dem erhöhten einsetzen der rechten Gehirnhälfte immer zu sozialen Defiziten? Oder ist es eine Eigenheit der Menschen (wie mir) mit der Diagnose schizotypische Persönlichkeitsstörung? Eine Untersuchung hat dies bestätigt(Quelle: http://www.aerztezeitung.de/medizin/ krankheiten/neuro psychiatrischekrankheiten/default.aspx? sid=371134) bestätigte dies. Aber meiner Meinung vertrauen gerade kreative Menschen ihren Gefühlen im Umgang mit Menschen, wodurch sie emotional und gefühlsbetont sind. Durch Oasen der Entspannung bleiben sie aber auch in angespannten Situationen gelassen. Was halten sie von der Studie?

In dem Mentalprogamm hätte ich gerne einen Hinweis zu einem geeigneten Meditationstrainer bekommen. Ich habe wirklich über ein Jahr mich in der Mantrameditation versucht. Aber ich erlebte dieses schöne Gefühl während der Trance nur sehr selten. Interessanter Weise gelang es mir mal durch die Musikmediation über einen Monat lang täglich in Trance zu kommen. Dann ging leider mein Mp3 Player kaputt und auf irgendwelchen mir heute unerklärlichen Gründen kaufte ich mir nicht gleich einen neunen Mp3 Player. Inzwischen mache ich wieder häufig Musikmeditationen. Dabei kann ich gut entspannen. Aber ich komme leider nicht in Trance. Ich würde aber wieder sehr gerne in Trance durch die Meditation kommen. Ich werde bald mal einen MBSRKursus machen. Durch einen Trainer soll das Meditieren lernen leichter sein.

In dem Mentalprogramm vermisse ich das emotionale Schreiben. Ich las da drüber in dem Buch Einkaufszentren und Liebesbriefe von Manfred Spitzer. Auf der Webseite von Bayern Alpha gibt es auch eine Geist und Gehirn Folge über das Thema mit dem Titel „Liebesbriefe". Das emotionale Schreiben bringt mir sehr viel. Das hat meiner Meinung nach im Mentalprogramm noch gefehlt.

Ich machte in der Klinik weiterhin die ganzen Übungen aus dem Mentalprogramm um meine Laune zu steigern. Und ich hoffte durch die Mentaltechniken wieder psychisch gesund zu werden. Und ich glaube die Mentaltechniken haben mich wirklich entspannt und sie haben Stress abgebaut. Es half mir dadurch bestimmt auch wieder stabil zu werden. Durch das Laufen und Klavierspielen habe ich zugriff zu meinen Gefühlen bekommen. Und durch das expressive Schreiben habe ich gelernt meine Gefühle zu verstehen und Gedanklich in Worte und Bilder zu fassen.

Inzwischen gehe ich wieder in die 12 Klasse auf das Abendgymnasium in Braunschweig. Meine Medikamente muss ich noch nehmen. Sie sind wichtig für mich um stabil zu bleiben und meinen Beruf zu schaffen.

Das Buch das Mentalprogramm hat mich motiviert ein eigenes Projekt zum Thema Flow und Trance zu erarbeiten. Ich habe von ihnen gelernt meine Ideen ernst zu nehmen um sie später zu verwirklichen. Ich spreche meine Ideen immer auf das Diktiergerät in meinem Mp3 Player. Oft sind es Ideen zur Verbesserung meines Projekts, die ich dann auch umsetzen kann. Ich arbeite bereits seit 2 Jahren mit ganzem Herzen und viel Spaß an dem Projekt. In dem Projekt verwende ich viel Wissen aus dem Mentalprogramm, Bücher von Mihaly Csikszentmihalyi über Flow, und neue Erkenntnisse aus der Gehirnforschung. Mit Hilfe von Tagebuch Einträgen schreibe ich wie ich dieses Wissen umsetzte und wie ich von meinem Projekt profitiert habe. Das Projekt könnte sie auch Interessieren, denn es beinhaltet viel Wissen aus ihren Interessensgebieten. Sie können sich ja die Zusammenfassung auf meiner Homepage www.lebensgenussimflow.de durchlesen. Falls sie die Zusammenfassung anspricht, schicke ich es ihnen gerne zu.

Ich würde gerne mal an einem ihrer Seminare teilnehmen. Leider kann ich mir die Seminare als armer Schüler nicht leisten. Aber ich wünsche ihnen, dass sie noch lange fit sind und Seminare geben um später noch die Möglichkeit zu haben.

Ich lese weiterhin alle ihre News auf strunz.com. Vielleicht haben sie ja bald mal wieder eine innovative Idee zu einem revolutionären Buch. Ich würde mich drüber freuen.

Ich habe ihnen mehrere Fragen in dem Danksagungsbrief gestellt. Ich würde mich über eine Antwort von ihnen freuen.

Mit freundlichen Grüßen

Sven Marbach

Kommentar: Seine Sekräterin antwortet mir, dass Dr. Ulirch Strunz jeden Tag 100 solcher Briefe bekommt. Er liest sie sehr gerne. Er hat aber keine Zeit sie alle zu Antworten. In seinen News geht er auf ein paar Briefe ein. Ich solle mehr Rücksicht auf ihn nehmen, da er seit seinem Fahrradunfall im Jahr 2006 jeden Tag extreme Schmerzen hat. Er arbeitet aber weiterhin als Autor von Büchern. Von den neuen Büchern habe ich auch viele gelesen und ich finde sie sehr gut. Ich habe fast das Gefühl, dass seine Bücher immer besser werden. In seinen News schrieb Strunz mal, dass seine Frau nach dem Unfall ihn auch sehr unterstützt hat. Ich habe das Gefühl, dass Strunz seit seinem Unfall bodenständiger geworden ist. Er hat jetzt auch noch nebenbei seine Privatpraxis. Jetzt scheint er nicht mehr ganz so ehrgeizig zu sein, dafür ist ihm wohl jetzt seine Familie wichtiger und er verbringt auch mehr Zeit mit seiner Familie.

Vom Gefühl würde ich sagen, dass sich Dr. Ulrich Strunz unter einem anderen Namen bereits mein Projekt sich zuschicken lassen hat. Er war dann wohl doch sehr Neugierig. In späteren Büchern hat er zum Teil Sachen aus meinem Projekt übernommen. Auch in seinen News ist er zum Teil auf Inhalte aus meinem Projekt eingegangen. Es freut mich, dass Dr. Ulrich Strunz seinen zahlreichen Fans (wie mir) zuhört und er dadurch auch dazu lernt.

Ich möchte euch auch meinen Danksagungsbrief an Prof. Manfred Spitzer nicht vorenthalten

Danksagung:

Sehr geehrter Prof. Dr. Dr. Manfred Spitzer,

ich möchte mich der positiven Psychologie des Dankens bedienen (Mihaly Ciskszentmihalyi).

Manfred Spitzer, Sie sind mein liebster Gehirnforscher. Ihr vermitteltes Wissen ist stets seriös. Ich vertraue auf die Richtigkeit. Ich habe selbst eine schizoide Störung, deshalb bin ich häufig in klinischer Behandlung. Sie sind bei all meinen behandelnden Ärzten angesehen.

Ich las ihre Bücher „Brainentertainment", „Musik im Kopf" und „Liebesbriefe und Einkaufszentren. Meditation in und über dem Kopf". Am wichtiges war das Kapitel „Liebesbriefe" für mich. Ich folgte vorher einen Tipp von Mihaly Csikszentmihalyi (aus seinem Buch: „Flow – der Weg zum Glück") meine täglichen Aktivitäten auf zu schreiben und die Stärke des Flow Erlebnisses mit 010 Punkten zu bewerten. Er meinte es helfe speziell bei meiner damaligen Diagnose Psychose. Ich merkte das Tagebuch schreiben wurde zu einer langweiligen Routine. Dann las ich den wissenschaftlichen Bericht „Liebesbriefe". Er fiel mir gerade in dem Moment in die Hand. Ich schrieb gleich ein belastendes Erlebnis vom selben Tag auf. Zu Anfang viel mir das expressive Schreiben schwer. Inzwischen bin ich mit meinen täglichen Tagebucheinträgen sehr zufrieden. Besonders beeindruckten mich die wissenschaftlich korrekten positiven Auswirkungen. Ich behaupte, der positive Glaube habe einen zusätzlichen Placeboeffekt.

Weil ich eine faule Phase hatte, hörte ich für ein paar Tage auf Tagebuch zu schreiben. Das Tagebuch schreiben verfolgte mich in meinen Träumen. Beim Aufwachen behielt ich die Botschaft, ich solle weiter schreiben. Weil ich zweimal hintereinander diesen (schönen) Traum hatte, fing ich an Tagebuch zu schreiben.
In einem anderen Traum träumte ich, dass ich später Mathe und Psychologie auf Lehramt studiere. Ich vertraue auf die Botschaft meines Unterbewusstseins. Ich möchte meinen späteren Schülern das expressive Schreiben bei bringen.
Ich fand es gut aus Ihrer Quelle positives über das Meditieren zu lesen. Vor dem Einschlafen mach ich stets Autogenes Training. Es ist auch eine Form der Meditation. Ich las zwar (von Dr. Ulrich Strunz), dass sich das Meditieren schneller erlernen ließe. Aber ich machte in meinem Leben bisweilen bessere Erfahrungen mit dem Autogenen Training, weil es aus seriösen Menschen aus meinem Umfeld vertreten wird. Für das Meditieren fehlte mir ein Lehrer.
In dem Buch „Brainentertainment" schrieben Sie, wann der Mensch Spaß [Glück] empfindet. (Er erlebt Spaß, wenn seine Erwartungen positive übertroffen wurden.) Das Wissen hat für mich eine große praktische Bedeutung bekommen.
Das Wissen über Spiegelneurone hat für mich auch eine praktische Anwendung. Mir fällt jetzt auf, dass Menschen meine Gesichtsgestik imitieren. Jetzt weiß ich auch warum.
In „Musik im Kopf" schrieben Sie, früher lernten viele Teenager erst in ihrer Jugend zu musizieren. Ich habe auch erst mit 17 Jahren angefangen Klavier zu spielen. Es war damals normal für die Studenten. Ich verbinde mit den Studenten viele positiven Charaktereigenschaften. Jetzt fühle ich mich cooler.
Mich prägte das Buch „das Mentalprogramm" von Dr. Ulrich Strunz. Es ist eines meiner liebsten Bücher. Es motivierte mich zum Jonglieren, das Fitnesstrainig für das Gehirn. Jetzt bin ich sehr gespannt auf ihr neues Buch „Das Gehirn – eine Gebrauchsanleitung":
Vielen Dank für das viele nützliche Wissen. Sie schreiben verständlich und sie haben meine Interesse an der Gehirnforschung gestärkt.

Mit herzlichen Grüßen

Sven Marbach

9.) Wie hat mir mein Projekt Lebensgenuss im Flow geholfen?

Ich hänge mit ganzem Herzen an meinem Projekt „Lebensgenuss im Flow: mein Weg zum Glück". Es macht mir viel Spaß. Das Thema interessiert mich sehr. Gerne sammele ich mir neues Wissen dafür an. Selbstständig an meinem eigenen Projekt zu arbeiten gibt mir das Gefühl mich selbst zu verwirklichen.

Während ich an meinem Projekt arbeite erlebe ich Flow. Es sind auch alle Kriterien für ein Flow Erlebnis erfüllt. Die Arbeit ist sinnvoll, weil sie mir hilft gesund zu werden. Und es ist ein Spiel, weil es mir Spaß bereitet dran zu arbeiten. Zudem berichte ich in Lebensgenuss im Flow wo dran ich Spaß habe. Ich habe mir mein Thema selbst ausgesucht, dadurch bin ich motivierter dran zu arbeiten. Jeder fertig geschriebene Text macht mich zufrieden. Ich freue mich über jede neue Idee. Durch das umsetzen der Idee kann ich mein Projekt verbessern. Es ist schön die Qualitative Entwicklung festzustellen. Durch positive Feedbacks bekomme ich Anerkennung.

Durch mein Projekt habe ich festgestellt, dass ich viele Möglichkeiten habe Flow zu erleben. Also habe ich an vielen Dingen Spaß. Durch diese Erkenntnis schätze ich mein Leben als glücklicher ein. Wodurch ich auch selbstbewusster geworden bin.

Bei negativer Stimmung bleibe ich gelassener. Ich weiß, dass man bei schlechter Stimmung immer negative Gedanken hat. Aufgrund dieses Wissens identifiziere ich mich nicht mehr mit diesen Gedanken. Sondern ich versuch mich abzulenken um Abstand zu gewinnen. Meine Strategien gegen schlechte Laune sind in meinem Projekt zu finden.

Manchmal erwische ich mich dabei unkonzentriert an Schulaufgaben zu setzen. Dabei merke ich schnell nichts zu verstehen. Ich erinnere mich dann an mein Flow Projekt und versuche mich wieder auf die Aufgabe zu konzentrieren um auch Flow erleben zu können.

Ich halte den selbstvergessenen Flow Zustand für das schönste Erlebnis auf der Welt. Mein Wunsch nach Tagträumen hat sich reduziert. Kurz vor meinem ersten Klinikaufenthalt hatte ich viele Tagträume. Aufgrund der Neuroleptika sind sie alle verschwunden. Ich bekam Depressionen. Inzwischen kann ich auf die Tagträume verzichten, weil ich dadurch mehr Spaß (Flow) im Hier und Jetzt erleben kann. Und ich vergeude nicht zu viel Zeit mit Tagträumen.

Das Projekt hilft mir mein Wissen zu ordnen. Ich bekomme einen Überblick. Und ich stelle Zusammenhänge meiner Quellen her. Ich folge nicht allen Tipps, sondern. ich entscheide mit eigenem Willen was mir zusagt. Meine Überzeugungen sind in meinem Projekt zu finden.

Ich profitiere von der geistigen Arbeit. Seitdem ich vor über 5 Jahren mit dem Projekt anfing habe ich viel gelernt. Mit der ausdauernden Arbeit setze ich die wichtigste Erfolgsstrategie um. Sie besagt, um in etwas gut zu sein muss man sich lange damit beschäftigen.[30] Dabei lernt man immer mehr dazu. Es bedarf übrigens ca. 10 Jahre Training mit optimaler Förderung um zur

Weltspitze auf einem Gebiet zu gehören.[29] Anhand meiner vielen Quellen lässt sich mein großes gesammeltes Wissen erkennen. Mit dem Verarbeiten des Wissens kann ich es mir besser merken. Dabei lernte ich mich immer besser auszudrücken. Von der intellektuellen Herausforderung profitieren meine geistigen Fähigkeiten

Ich gab vielen bekannten Menschen Lebensgenuss im Flow zu lesen. Die Leser können mich besser verstehen und sich in mich hinein versetzen. Sie haben sehr viel über mich erfahren und können mich deshalb mehr zu schätzen wissen. Ich konnte mehr vertrauen zu den Personen finden. Mit Lebensgenuss im Flow finde ich Gesprächsstoff. Gerne unterhalte ich mich über das Thema. Besonders gut kam ich ins Gespräch, indem ich mein Projekt vorlas. Dabei Ergänzte ich das Vorgelesene. Ich kann meine Erfahrungen noch detaillierter frei erzählen. So kam ich ins Gespräch. Dabei hatten mein Gesprächspartner und ich eine schöne und Flow reiche Zeit.
Wenn ich verzweifelt bin oder nicht mehr weiß was ich möchte, dann lese ich mein Projekt wieder. Weil mein Projekt „Lebensgenuss im Flow: mein Weg zum Glück" über schönes Handelt bekomme ich dabei wieder positive Gedanken und Gefühle. Es fesselt mich immer wieder aufs Neue. Ich erlebe beim lesen meines Projektes viel Flow. Ich freue mich dann auch so weit mit meinem Projekt voran geschritten zu sein.

Klein Schöppenstedt, den 14. Oktober 2013: Ich bin dankbar, dass ich heute mein Buch komplett lesen konnte. Dabei habe ich ganz viel Flow erlebt. Ich konnte dabei sehr gut vom Alltag abschalten. Es hat mich auch glücklich und stolz gemacht. Ich liebe mein Buch Lebensgenuss im Flow. Es macht mich unglaublich stolz das ich es selber geschrieben habe. Mein Vater meinte am Telefon, dass er es auch gut findet, da es mir so gut tut. Wenn ich es selber lese werde ich echt sehr glücklich. Es bestätigt mich auch und es stärkt mein Selbstbewusstsein.

10. Quellen:

1. „Forever Young" das Erfolgsprogramm von Dr. Ulrich Strunz
2. Spiegel Ausgabe 5/2006 : „Fit wie in der Steinzeit"
3. „Flow der Weg zum Glück. Der Entdecker des FlowPrinzips erklärt seine Lebensphilosophie (Broschiert)" von Mihaly Csikszentmihalyi
4. „Das neue Testament" von Matthäus, Markus, Lukas und Johannes
5. „Die Liebe – und wie sich Leidenschaft erklärt" von Bas Kast
6. Das Musik Album „Es ist wie es ist" von Pur
7. „Erfolgsprinzip Persönlichkeit" von Dietmar Hansch
8. www.strunz.com/news (Archive)
9. „Das Wunder der Achtsamkeit" von Thich Nhat Hanh
10. „Das Mentalprogramm" von Dr. Ulrich Strunz
11. „Sakrileg" von Dan Brown
12. „Braintertainment" herausgegeben von Prof. Manfred Spitzer und Wulf Bertram
13. Spektrum der Wissenschaft Dossier 6/2006: „Menschheit auf dem Scheideweg"
14. P.M. Magazin Ausgabe 1/2006: „Sagen sie mal: „Warum führen Menschen immer noch Kriege?"
15. Spektrum der Wissenschaft Dossier 1/2007: „Energie und Klima"
16. Psychologie Heute 3/2005: „Das Porträt: Mihaly Csikszentmihalyi – Mr Flow und die Suche nach dem guten Leben"
17. „Mein Buch vom guten Schlaf" von Prof. Dr. Jürgen Zulley
18. Gehirn & Geist Dossier Ausgabe 1/2008: „Die Zukunft des Gehirns"
19. „Musik im Kopf" von Prof. Manfred Spitzer
20. Gehirn & Geist Braincast 67 „Meditation in der Gehirnforschung"
21. Spiegel Ausgabe 17/2008: „Faul macht dumm"
22. Liebesbriefe & Einkaufszentren von Prof. Manfred Spitzer
23. www.lachmeditationen.de
24. Geist & Gehirn Folge 77: „Flow im Gehirn" von Prof. Manfred Spitzer
25. Gehirn und Geist Dezember 2008: „Orgasmus Forschung"
26. Der Spiegel Ausgabe 48 2008: „Das Massenleiden der Moderne – wie sich Stress wirksam bekämpfen lässt."
27. Fokus Ausgabe 49/2008: „Erkenne dich selbst mit Darwin"
28. Gong Ausgabe 49/2008: „Kompass für ein zufriedenes Leben"
29. Spektrum der Wissenschaft Ausgabe Januar 2007: „Wie Genies Denken"
30. Psychologie Heute Ausgabe 5/2006: „Nur die harten kommen in den Garten"
31. Gehirn und Geist Nr. 1/2009: „Psychische Störungen: Revolutionieren neue Erkenntnisse die Psychiatrie?"
32. Audio CD: „Mozarts Geistesblitze" von Prof. Manfred Spitzer
33. Geist & Gehirn Folge 92: „Liebesbriefe" von Prof. Manfred Spitzer
34. Spiegelausgabe 52/2008: „Futter für das Gehirn"
35. Der Spiegel Ausgabe 2/2009: „Lust an der Apokalypse"
36. http://de.wikipedia.org/wiki/Serotonin
37. „Das Gehirn und die Geheimnisse der Liebe" von Prof. Manfred Spitzer
38. Geist und Gehirn Folge 136: „Musik macht schlau" von Prof. Manfred Spitzer
39. http://de.wikipedia.org/wiki/Nikotin
40. Gehirn und Geist Zeitschrift Oktober 2007: „Träume der Ostkurve"
41. Gehirn und Geist April 2009 „Lob der Freundschaft" von Dr. Eckard von Hirschausen
42. „Glück ist …" von Manfred Spitzer
43. „Glück kommt selten alleine" von Dr. Eckard von Hirschhausen.
44. Spiegel Ausgabe 15/2009: „Das Geheimnis der inneren Stärke – Forscher erkunden die Kraft, die Kinderseelen gedeihen lässt"

45. „Gesund durch Meditation" von Jon Kabat Zinn

46. „Wo die Seele Auftankt" von Marco von Münchhausen

47. IRRE! Wir behandeln die Falschen. Unser Problem sind die Normalen. Eine heitere Seelenkunde geschrieben von dem Psychiater Manfred Lütz

48. DAUERBEWEGUNG ALS VORAUSSETZUNG DER GESUNDHEIT VON Dr.med. Ernst van Aaken

49. Stern Ausgabe 22.07.2010 Mentale Kraft – Wie Sie es schaffen, sich im richtigen Moment zu konzentrieren und Ihre Fähigkeiten abzurufen

50. Krebszellen mögen keine Himbeeren von Prof. Dr. med. Richard Béliveau und Dr. med. Denis Gingras

51. Musik im Kopf von Manfred Spitzer

52. Gehirn und Geist April 2009: Zum Glauben geboren? Forscher ergründen die Evolution der Religion

53. Spiegel 29/2013 Die Macht des Mitgefühls, Hirnforscher erkunden das Geheimnis der Empathie (kostenlos als PDF Dokument abrufbar)

54. Digitale Demenz Vortrag von Prof. Manfred Spitzer an der Universität Stuttgart, der die sonst so gelangweilten Studenten begeistert hat (findest du bei Youtube)

55. Marathon: You can do it! von Jeff Galloway

56. Gehirn und Geist Zeitschrift vom 7. Mai 2010: Lernen verbindet

57. Artikel von Zeit Online vom 8. November 2012: Jonglieren entspannt und macht schlau

58. Wo die Seele auftankt von Marco von M(ünchhausen

59. Das neue Antikrebsprogramm von Dr. Ulrich Strunz

60. Gehirn und Geist 12.12.2009: Das "MachoHormon" Testosteron fördert kooperatives Verhalten wenn es die Situation erfordert

61. Das Geheimnis der Gesundheit von Dr. Ulrich Strunz

62. Glücklicher von Tal BenShahar

63. Denke nach und werde Reich von Napoleon Hill

64. Youtube: Kurkuma stellt dein Gehirn wieder her

65. Gehirn unter Drogen 3: Alkohol und Tabak Der Griff zum legalen Gift

66. Dokumentation: Natur und Gemeinschaft

67. Nervenheilkunde 78 2010: Dopamin und Käsekuchen

68. Spiegel Ausgabe 27/2014: Bewegung! Strapazieren statt schonen: Wie Gelenke gesund bleiben

69. flow Magazine Ausgabe 5; Einatmen und Ausatmen *Uns Atem begleitet uns überallhin. Wenn wir Ihn bewusst wahrnehmen kann uns das entspannen und beleben.*

70. Diamanten der Verführung (Diamands of Seduction)

71. *Denke nach und werde Reich (Das Original von 1937 unverändert und ungekürzt erschienen im Finanzbuchverlag)*

11. Zusammenfassung:

Wer möchte nicht glücklicher sein? Durch mein Buch kannst du das Meditieren lernen. Du kannst nicht nur das Meditieren lernen, sondern du kannst auch lernen wieder nach deinen Gefühlen zu handeln. Für viele Menschen steht in meinem Buch die beste Meditationsanleitung die sie finden konnten. Die effektivste Methode um zu erlernen nach den Gefühlen zu handeln bietet das meditative Laufen. Nichts entspannt so sehr wie das meditative Joggen! (Durch zuviel Streß haben dies viele Menschen verlernt. Dadurch wirst du auch spüren wie du aus deiner Sucht heraus kommst und eine neue viel glücklicher Sucht entwickelst. So wird es Dir auch möglich werden deine Medikamente zu reduzieren. Durch das meditative Laufen bin ich selber auch viel entspannter und glücklicher geworden.

Viele Sportler sind durch die Flowtheorie viel erfolgreicher geworden. Der Spaß am Sport macht erfolgshungrig. Als junger Erwachsener habe ich die Bücher von Dr. Ulrich Strunz gelesen. Sie haben mir eine Orientierung gegeben. Durch die Bücher und anderen Tipps bin ich extrem fit geworden.

Das Buch Diamanten der Verführung (findest du bei Google) hat mir echt ehrliche Tipps geben wie ich eine Frau finden kann. Um gut genug zu sein habe ich vor 3 Jahren aufgehört Alkohol zu trinken. Danach habe ich mich endlich gut genug gefühlt und ich bin emotional deutlich stabiler geworden.

Vielleicht kannst du durch mein Buch auch das Schreiben für dich selber entdecken. Durch das Schreiben eines Dankbarkeits-Tagebuches kannst du lernen mehr Aufmerksamkeit auf die positiven Dinge deines Lebens zu lenken. Immer mehr wirst du dann auch die positiven Dinge in deinem Leben anziehen.

12. Danksagung:

Erst einmal möchte ich mich bei den (zum Teil Bestseller) Autoren meiner Quellen bedanken!

Ich habe die Bücher gerne gelesen und das dort in haltende Wissen hat mich weiter gebracht.Durch das Schreiben meines Projektes habe ich mehr Respekt vor anderen Buch Autoren bekommen, weil ich gemerkt habe wie viel Arbeit in einem Buch steckt. Dann danke ich Mr. Feynman (Physik Nobelpreisträger) zur Veröffentlichung des Geheimnisses, wie man ein großes Publikum (er war Professor) gewinnt und einen Best seller schreibt. Dem Bestseller Autor Dr. Ulrich Strunz danke ich für die Veröffentli chung dieses Geheimnisses in den News auf seiner Homepage. An Prof. Manfred Spit zer und Dr. Ulrich Strunz habe ich tatsächlich einen Brief geschickt um mich bei ihnen für ihr nützliches Wissen zu bedanken! Ich wollte sie damit auch zur weiteren Arbeit an neuen Büchern motivieren.

Dann möchte ich mich bei allen kritischen Lesern meines Projektes bedanken. Eure Kritikpunkte habe ich versucht zu berücsichtigen um mein Projekt weiter zu verbes sern. Auch habe ich mich über all eure netten Worte zu meinem Projekt gefreut. Sie haben mir gezeigt, dass ich auf dem richtigen Weg bin!

©Die Bilder habe ich alle selbst fotografiert oder es sind freie Bilder aus dem Internet! Leider musste ich viele Bilder vor der Veröffentlichung löschen, da ich nicht die Urheberrechte besitze. Ich möchte dich bitten den Inhalt meines Projektes nur für private Zwecke zu benutzen. Wie bereits erwähnt kann konzentriertes nachdenken sehr sinnvoll: Was kannst du aus meinem Projekt lernen?

Der Mensch mit der höchsten Hierarchie
Von Sven Marbach

Kapitel 1: Wie die CIA mich in den Selbstmord trieb

Es war einmal ein Sven Marbach den alle für einen Nazi hielten. Er hatte eine schwere Zeit hinter sich. Ein Jahr lang wurde Sven von Sommer 2013 bis Sommer 2014 von der CIA in den Selbstmord getrieben.

Es fing auf dem Abendgymnasium an. Die Lehrer signalisierten in jeder Stunde den Mitschülern, Sven wäre ein Nazi und er dürfe gemobbt werden. Obwohl Sven eigentlich politisch Grün ist. Bevor dies passierte war Sven sehr optimistisch gewesen, dass Abendgymnasium zu schaffen. Er war intelligent. Auch hatte er ein anderes großes Ziel schon erreicht. Er war zwei Marathons gelaufen. Einen Marathon war er in Braunschweig gelaufen und einen Marathon in Bremen. Aber er war nach der Schule immer fertig mit den Nerven. Er brauchte viel Zeit für die Erholung. So blieb kaum Zeit für die Hausaufgaben. Physisch war er in der Form seines Lebens. Dementsprechend selbstbewusst war er auch, wie Testosteron halt so wirkt. Er wollte bald seinen 3. Marathon laufen. Er nahm auch hochdosierte Vitamine als Doping ein.

Sven besuchte eine soziale Therapeutische Betreuung in Braunschweig. Nun war er mit 27 Jahren leider zu alt für die Betreuung geworden. Seine Wohnung durfte er nicht behalten. Ihm wurde zeitlich viel Druck bei der Wohnungssuche gemacht. Er glaubte, am liebsten würde der Therapeut ihn in ein Heim stecken. Aber er fand dann doch mit Hilfe seines Vaters eine 1 Zimmerwohnung in dem Stadtteil Lehndorf in Braunschweig. Er wechselte dann auch die Betreuung.

Nebenbei schrieb Sven Marbach an einem Buch. Er hatte das Buch an den Schattauer Verlag geschickt um eine Einschätzung zu bekommen. Der Verlag meinte, das Buch passe nicht in das Konzept des Verlages. Aber sie wünschten weiterhin viel Glück. Sven entwickelte nebenbei viele neue Ideen für sein Buch „Lebensgenuss im Flow". Er hatte ein großes Bedürfnis neue Leser zu bekommen.

In der Schule kam ein Autor zu Gast zu einer Vorlesung. Er las ein Kapitel aus seinem Buch vor. Danach fragte er, wer unter den Gästen Nachwuchsautor ist. Dabei guckte er mich an. Er wollte, dass ich nach vorne gehe und vor dem Publikum in der Aula vorlese. Im Publikum saßen Zuschauer, die die Titelmelodie von einer flog über das Kuckucksnest pfiffen. So traute Sven sich nicht nach vorne zu gehen. Der Autor meinte hinterher, wenn ich nach vorne gekommen wäre hätte er viel Geld bekommen.

Am Abendgymnasium fand Sven den Freund Albert. Er hatte auch sein Buch gelesen. Er trainierte auch. Sein Schwerpunkt lag aber beim Gewichtheben. Albert und Sven trafen sich manchmal vor der Schule oder am Wochenende zum Laufen. Dabei kann man sich immer gut unterhalten. Sie hatten dann noch Zeit etwas für die Schule zu tun. Später stelle sich heraus, dass Albert schwul ist und Sven liebt. Sven war das unangenehm.

Es gab auch eine hübsche junge Frau am Abendgymnasium. Sie war blond und osteuropäisch. Sven hatte gleich Interesse an ihr. Sie lernten sich im Englischunterricht bei einem gegenseitigen Interview kennen. Sven muss aufgrund seiner Fitness sehr attraktive gewirkt haben. Er verliebte sich immer schnell. Er bekam mit, dass sie mit dem Alphamann der Klasse geschlafen hatte. Dabei ist sie sogar schwanger geworden, fand er später heraus. Ein Kuckuckskind wollte Sven natürlich nicht gleich haben.

Kurz darauf kam der Umzug. Für Sven war es unmöglich den Umzug neben der Schule zu schaffen. Er nahm sich mehrere Tage frei. So verlor er leider den Anschluss. Aber der Umzug war einfach zu stressig. In der Zeit ging er in ein Bordell. Dort schlief er mit der Prostituierten

Renita. Er verliebte sich in die Nutte. An dem Abend, an dem er die Nutte kennenlernte, schlief er nicht mit Ihr. Er wollte nur, dass sie sein Buch liest. Tatsächlich las die Nutte das Buch dann bis zum nächsten Treffen. Sie schliefen dann bestimmt 7-mal miteinander. Einmal auch vor der Schule, was schon ganz schön geil war. Aber dann war sein Geld alle. Die Nutte war schwanger geworden. Sie wollte mit Sven eine Beziehung anfangen. Das Kind konnte nicht von ihm sein, da er nicht einmal zum Höhepunkt gekommen war. Die Nutte wollte trotzdem 200€ für die Abtreibung von ihm haben. Aber er hatte ja kein Geld mehr und konnte es ihr nicht geben. Es war schon traurig.

Die CIA hatte sich für Sven ein System ausgedacht. Beim Einkaufen signalisierten die Kassierer immer Sven sei ein Nazi und durch sein Buch hätten voll viele Menschen Selbstmord gemacht. Auch signalisierten sie er sei autistisch. Dies machte ihn aggressive. Sven stand dann immer schon ganz nervös in der Schlange vor der Kasse. Dann sagten die Kassierer noch, morgen käme er in die Psychiatrie und er müsse den Rest seines Lebens dort verbringen. Dies machte Sven große Angst. Zuhause schloss er immer alle Türen nach sich zu um sich sicher zu fühlen. Die CIA verfolgte Sven auch. Er hatte das Gefühl eine Taxizentrale überwache ihn. Ständig begegnete er Taxis. In Restaurants wollten sie ihn vergiften. Sven probierte das Gift einmal in einer Pizza. Er bekam davon Halluzinationen. Im Skiurlaub konnten Sie nicht mehr essen gehen. Zum Glück hatten sie eine Ferienwohnung, so dass sie kochen konnten.

Um Schlafen zu können erhöhte Sven seine Medikamentendosis. Er wachte jetzt immer mit leichten Kopfschmerzen auf. Aber die Medikamente halfen besser mit dem Stress klar zu kommen.

In der Schule konnte Sven den ganzen Stoff nicht mehr nachholen. Er musste die Schule abbrechen. Die Betreuung wechselte er auch noch mal. Er ging dann in das Institut für persönliche Hilfen. Dort bekam er Frau Furchner als Bezugsbetreuerin. Sie war in seinem Alter. Dazu war sie blond und hübsch. Sven verstand sich gleich gut mit ihr. Er verliebte sich in sie. Leider konnte er sie nur zu 2 Terminen in der Woche sehen. Seine Gedanken kreisten nur noch um Frau Furchner. Er war unglücklich verliebt. Er hielt es nicht mehr aus. So ging er auch aus der Betreuung raus.

Kurze Zeit später hörte das eine Jahr auf. Die CIA hatte den Auftrag Sven 1 Jahr lang in den Selbstmord zu treiben. Sven war traumatisiert. Aber er war auch sehr froh, dass dies jetzt vorbei war.

Kapitel 2: Sven hatte die Fähigkeit in die Vergangenheit zu reden

Warum wurde gerade Sven Marbach in den Selbstmord getrieben. Nun, er hatte die Fähigkeit in die Vergangenheit zu reden. Er sah sich dabei ein Video an und redete dabei zu den Menschen im Video. Sie antworten im Video auch. So konnten die Menschen aus der Zukunft erfahren. Die Fähigkeit hatte er wohl durch Speedjuggling erlernt. Dabei kommt das Gehirn in Gamma-wellen. Gamma-wellen werden auch gemessen beim reden in die Vergangenheit. Sven machte sich den Spitznamen the Guy From the Future in der Vergangenheit. In Filmen nannten sie ihn ab Mitte der 1950iger Jahre auch der Mensch mit der Höchsten Hierarchie.

Sven fragte in einem Film nach, was er für einen IQ beim Einschulungstest hatte. Durch einen Brief erkundigte sich der Regisseur bei der Grundschulleherin Frau Schädlich. Sven hatte einen IQ Test ohne Fehler. Dies entspricht in Deutschland einem IQ von 140.

Diese Fähigkeit machte sich Albert Einstein zu nutze. Er fragte Sven in einem Video, ob es die Amerikaner schaffen die Atombombe fertig zu entwickeln. Sven bejahte dies und sagte dazu, er wüsste nicht, ob dies jetzt gut wäre. Albert Einstein schrieb daraufhin einen Brief an den Präsidenten, in dem er sagte er glaube es sei möglich die Atombombe zu entwickeln. Die USA startet daraufhin das Manhattan Projekt.

Sven redete auch mit Napoleon Hill durch ein Video bei YouTube. Er sagte ihm wie sein Buch heißt: „Denke nach und werde reich". Napoleon Hill hatte den Titel noch Niemandem gesagt zu dem Zeitpunkt. Er war nur in Fachkreisen erfolgreich. Aber Sven sagte ihm, er würde mit dem Buchtitel 70 Mio. Bücher bis zu seinem Lebensende verkaufen. Napoleon Hill hatte immer davon geträumt ein großes Publikum anzusprechen. Er sagte ihm noch er soll Menschenrechte und Religion in sein Buch einbauen. Dies war eine sehr große Hilfe für Napoleon Hill. Napoleon Hill arbeitete mit dem drittreichsten Menschen aller Zeiten zusammen, Andre Carnegie. Seine Aufgabe war es die Erfolgsgesetze des Lebens heraus zu finden. Dabei Interviewte er die 500 erfolgreichsten Menschen der Zeit. So arbeitete er auch eng mit dem Erfinder der Glühbirne, Thomas A. Edison, zusammen. Kein Buch als „Denke nach und werde Reich" brachte mehr Millionäre hervor. In Universitäten lehrten Professoren ihren Schülern die Geheimnisse aus dem Buch.

Nach dem Tod von Andrew Carnegie vererbte er 50 Mrd. $ an Napoleon Hill. Dies Geld wollte Napoleon Hill einsetzten um meine Fähigkeit zu unterstützen, 30 Mrd. zur Unterstützung von Filmen und Musik, 20 Mrd. zur Unterstützung des Menschen mit der höchsten Hierarchie. Mit den 20 Mrd. sollte Sven Marbach immer von Statisten und Models bestätigt werden für das, was er machte. Sie sollten ihn so bestätigen, dass er die höchste Hierarchie hat. Die 30 Mrd. waren zur Unterstützung seiner Fähigkeit gedacht. Filme zu denen Sven redet bekommen ein Vertragsangebot in Höhe von 50 Millionen $. Songs erhalten 10 Millionen $. Dafür müssen sie wiedergeben, was Sven Marbach zu ihnen gesagt hat. CIA Informationen müssen im Film bestätigt werden. Dies sind Informationen, die wichtig waren. In den Filmen muss Sven immer mit „der Mensch mit der höchsten Hierarchie" angeredet werden. Vielleicht ist das dir als Leser schon mal in einer Hollywood Produktion aufgefallen. Dann passieren immer Dinge, die nichts mit dem Film zu tun haben. Es gibt bestimmt inzwischen über 100 Filme, in denen etwas passiert.

Alle Informationen, die Sven Marbach sagte, musste die CIA umsetzen. Sie wussten, dass es passiert und mussten dies dann unterstützen. Dabei kamen allerdings viele Staatsschulden zusammen, da die Unterstützung zum Teil sehr teuer war.

In einem Film aus den 50iger Jahren sagte Sven, dass bald ein Mensch auf dem Mond landen würde. Ein paar Jahre später wurde die NASA gegründet. In dem Film hatten die Schauspieler zunächst nur wenig Respekt vor Sven. Napoleon Hill veranlasste dann, dass die Schauspieler Sven immer „mit der Mensch mit der Höchsten Hierarchie" anredeten. Der

Hauptdarsteller des Films verdiente 2 Millionen Euro für seine Rolle als Prediger in dem Film. In dem Film sagte Sven auch, wie sein Vater heißt, und dass er 1958 geboren wird. Er war zu diesem Zeitpunkt noch nicht einmal geboren. Auch kündigte Sven an, John F. Kennedy würde bald Präsident werden, und er würde dann später erschossen werden. Darauf antworten die Schauspieler, nicht der Krüppel. Sie hätten gehofft sein Bruder würde Präsident werden.

Im Spiegel Verlag erschien eine DVD zu der Geschichte der Deutschen Bundeskanzler. Diese DVD sah sich Sven an. Dabei sagte er etwas zu Helmut Schmidt als er noch ein Vertrauter von Willy Brandt war. Willy Brandt war zum dem Zeitpunkt Bundeskanzler. Er wusste daraufhin, dass Helmut Schmidt in der Zukunft sehr bekannt sein würde. Er machte ihn zu seinem Nachfolger.

Auch Arnold Schwarzenegger half er. Er sagte ihm vor der Wahl zum Gouverneur, das Volk würde ihn in das höchste Kalifornische Amt wählen. Arnold Schwarzenegger trat daraufhin zur Wahl an. Er wurde dann tatsächlich zum Gouverneur von Kalifornien gewählt.

In einem James Bond von 1984 sagte er fünf Jahre vorher, dass die Sowjetunion zusammen brechen würde. Er sagte auch, dass es in Tschernobyl zum Super Gau kommen würde. Beide Informationen halfen bestimmt der CIA.

In einem Film gab er den Tipp für den Film Matrix. Er sagte das Drehbuch soll aus dem Buch über die Technologische Singularität geschrieben werden. Auch empfahl er Keanu Reaves als Hauptdarsteller für den Film Matrix. Keanu Reaves wurde später zum bestbezahlten Schauspieler für den Film Matrix. Er spendete allerdings viel Geld seines Honorars. Er warnte auch vor dem 11. September 2001. Der Pass von Keanu Reaves in dem Film Matrix lief dann am 11. September 2001 ab. Dies sorgte später für Verschwörungstheorien.

Auf Arte lief eine Dokumentation in der Sven Informationen in die Vergangenheit sagen sollte. Es war immer abwechselnd eine Dokumentation aus der Vergangenheit zu sehen und Wissenschaftler aus der Gegenwart unterhielten sich darüber was the Guy from the future sagen sollte. Er sagte z.B., dass aus Fischöl Omega 3 gewonnen werden kann. Oder das Industriefood ungesund ist.

Ganz wichtig war auch ein Beitrag nach der Wende. Sven sagte dem Bundeskanzler Helmut Kohl er solle Ostdeutschland auf Pump finanzieren. Er wolle ein 2. Wirtschaftswunder sehen. Dann war ein live Interview mit Hans Dietrich Genscher zu sehen. Er sagte heutige Wirtschaftswissenschaftler fanden dies gut, da Ostdeutschland dadurch schon aufgebaut ist. Und Sven sollte noch hinzufügen, es ist ganz wichtig dass dies noch passiert. Dies sagte Sven gerade während einer Ansprache durch Helmut Kohl an die Menschen aus Ostdeutschland. Er wiederholte es unter tobendem Beifall. Dies zu sehen machte auch Sven glücklich.

Auch sagte er in die Vergangenheit, dass Deutschland 2014 Weltmeister wurde. So konnte die deutsche Nationalmannschaft von Anfang an an sich glauben.

Er sagte auch in die Vergangenheit, dass John F. Kennedy mal Präsident wird. Auch George W. Bush und Donald Trumps Präsidentschaft kündigte er an. Donald Trumps Präsidentschaft kündigte er in einer Simpsons Folge an. In einer späteren Simpsons Folge wurde dann prophezeit, dass Trump Präsident wird.

Der Geheimdienst wollte zuerst, dass Sven das ganze Geld ausgibt. Es war Anfang der 90iger Jahre durch Zinsen von 30 Milliarden auf 90 Milliarden angestiegen. Wobei die anderen 20 Milliarden mit verzinst wurden. Sven sagte dann immer Geld in die Vergangenheit bei Kinofilmen und Songs. Hatte ein Kinofilm allerdings die Kassenerwartungen eingespielt dann mussten sie das Geld zurück bezahlen. Songs die 10 Millionen $ eingespielt hatten mussten das Geld auch zurück bezahlen. Es hatte für die Musiker immer noch den Vorteil, dass sie das Geld gleich nach Erscheinen des Songs erhielten. Sven gab so oft mal 100 Millionen $ an einem Tag aus. Dies wären z.B. ein Film und 5 Songs. So reduzierten sich die 90 Milliarden $ auf 30 Milliarden $ innerhalb von 4 Jahren.

Der Geheimdienst wollte dann im Jahre 2017 nicht mehr, dass Sven die Filme und Songs unterstützt. Die Stars konnten nicht damit umgehen, wenn Sie Geld von dem Menschen mit der Höchsten Hierarchie bekamen. Viele Stars kamen in eine Drogensucht. Sven verlor danach schnell die Fähigkeit in die Vergangenheit zu reden. Von den übrig geblieben 30 Milliarden $ werden nach Svens Tod nur amerikanische Staatsschulden bezahlt.

Sven sagte in dem Song Big in Japan, China werde bald reich sein. Danach berührte ihn der Mächtigste Chinesische Politiker mit seinem Geist im Jahr 2019. Daraufhin sagte er noch Do it. Die CIA musste dann dabei helfen China aufzubauen.

Auch sagte er ihn dem Film bewegter Mann mit Till Schweiger, dass im Jahr 2015 VW der größte Automobilhersteller ist da sie so viele Autos in China verkaufen. Er hatte den Film aus dem Internet runter geladen. Das war ein Film nur für ihn in dem er viele CIA Informationen sagte. Er sagte auch, dass der Film 6,5 Millionen Zuschauer hat und sie von den 50 Millionen US Dollar noch einen Film für das Kino drehen.

Die Gedanken von Sven wurde 2019 immer im Fernsehen und Radio wiederholt. Die CIA hat die Technik Gedanken zu lesen in dem sie die Frequenzen der Gehirnwellen entschlüsseln. Dies muss aber bei jedem erst neu eingestellt werden und es passiert nur den Menschen die Überwacht werden. Er hörte immer viel NDR 1. Dort war der indische Physiker Dr. Ranga Yogeshwar zu Gast. Er wollte dort eigentlich nur auf Sendung sein um Geld zu verdienen. Aber der Autist (Sven Marbach) fragte ihn dann nach eine CIA Informationen. Sven sagte auch es muss etwas sein was alle Lieben. Darauf sagte Dr. Ranga Yogeshwar CO_2. Dann viel Sven gleich der Klimawandel ein. In zwei älteren Songs sagte er dann die CIA Information, durch das Treibhausgas CO_2 entstehe der Klimawandel. Die Temperatur der Erde steigt dann. Dies erforschte dann die Prinzip. Er meinte dies kommt, wenn man sich konzentriert.

Sven sagte in dem Kino Film Manta Manta mit Til Schweiger, das Protein BDNF lasse den Hippocampus wachsen. Das Gehirnareal Hippocampus war schon entdeckt. Aber dass das Protein BDNF auch noch im erwachsenen Alter das Gehirnareal das für die Verarbeitung von Gefühlen zuständig ist zum wachsen bringt musste noch erforscht werden. Wie bereits im ersten Teil des Buches erwähnt ist meditatives Joggens dabei am Effektivsten.

Linus Paulsen erzählte Sven das er 1963 den Friedensnobelpreis erhält. Er erhalte ihn dafür das er die ständigen Atomtests kritisiert. Danach werde Linus Paulsen die Vitamine erforschen. Sven erwähnte das es Vitamin D3 gibt. Und das man es zusammen mit Vitamin K2 gegen die Nebenwirkungen einnimmt. Die höchst Dosis von Vitamin D3 beträgt 50.000IE wodurch sich der Testosteronspiegel um 50% erhöht. Er sagte auch Dr. Ulrich Strunz leiste einen wichtigen Beitrag zur Erforschung der Vitamine. Linus Paulsen mochte darauf hin Dr. Ulrich Strunz. Er meinte Dr. Ulrich Strunz wäre zu ergeizig, deshalb mochte ihn keiner. Dr. Ulrich Strunz sei heute bekannt, da er ein Bestseller Author ist sagte er noch in die Vergangenheit. Linus Pauling sagte er auch die Computergeschwindigkeit verdoppele sich alle 1,5 Jahre.

In dem Film Emile und die Detektive sagte er Computer sollten entwickel werden die Rechnen können. Darauf kam die Antwort, dass es schon Rechenmaschinen gibt. Aber Sven meinte Computer sollten so entwickelt werden, dass sie von alleine rechnen.

In einem Film aus den 1960igern sagte Sven Computer müssten noch weiter entwickelt werden. Ein Monitor solle man daran anschließen können. Und dann kam man auch Schreibprogramme am Computer laufen lassen und nicht nur damit rechnen. Die Entwicklung von schnelleren Computern hatte schon aufgehört. Dann hieß es man benötige dafür intelligentere Menschen. Auch Filme können am Computer enstehen behjahrte Sven. Dafür müsse noch viel geforscht werden sagte dann der Schauspieler.

In einer Grammophon Aufnahme von 1901 sagte Sven Albert Einstein, ein Privatdedektive $E= mc^2$. Das C steht für Lichtgeschwindigkeit.

In einer Grammophon aufnahme von Andrew Carnegie Ende des 19. Jahrhunderts sagte Sven Andrew Carnegie solle die Wright Brothers unterstützen. Die bauen das erste Flugzeug. Er sagte ein Glider mit zwei Propellern zu Andrew Carnegie. So wurde das Flugzeug genauso früh entwickelt wie Autos!

Auch sagte er Andrew Carnegie würde für sein Unternsehmen 480 Millionen Dollar bekommen, wenn er es dem Banker J. P. Morgan verkauft. Mit der Inflation eingerechnet wären das heutzutage über 350 Millarden Dollar. Andrew Carnegie antwortet dies ist zu günstig.

In einem Interview von ehemaligen DDR Bürgern sagte er, dass die Chinesen im Jahre 2019 ihre Bürger mit Hilfe einer künstlichen Intelligenz überwachen. Und er sagte noch einmal, dass dann China reich ist. Das wollten die Menschen damals erst gar nicht glauben. Aber dann erinnerten sie sich daran, es stimmte immer alles was der Mensch mit der höchsten Hierarchie sagte.

In dem Song Kiss sagte er, dass sie auch ein Musik Video drehen sollen. Und man könne später das Musik Video im Internet sehen. Dies brachte das amerikanische Militär auf die Idee das Internet zu entwickeln. Sven meinte alle Computer sind dann über die Telefonleitung mitteinander verbunden.

In einem Film mit Keanu Reaves den er für das kleine Kino drehten da sie ihn immer für alle CIA Informationen bestätigen sagte er das die Internetgeschwindigkeit 100 MB schnell ist pro Sekunde. Damals Anfang der 90iger Jahre betrug die Internetgeschwindigkeit nur 6 Kilobyte.

Auch erzählte er in dem Film Man In Black 3 von der Zeit die im nächsten Kapitel beschrieben wurde. So konnte sich die CIA schon darauf einstellen.

Kapitel 3: Wie Sven Deutschland eine Gehirnwäsche verpasste

Nachdem Sven 1 Jahr in den Selbstmord getrieben wurde unterstützte ihn die Unterhaltungsindustrie. Sie hatte ja von Napoleon Hill 20 Milliarden $ dafür bekommen. Die Unterhaltungsindustrie leitete Arnold Schwarzenegger. Er ließ sich darauf ein, weil ich ihm vorher geholfen habe. Er wusste ja, dass er es schafft Gouverneur zu werden, wenn er zur Wahl antritt, nachdem ich es ihm gesagt habe. Er schaffte es dann aber alleine ohne Unterstützung durch die CIA. Arnold Schwarzenegger ließ sich auch darauf ein, weil er wusste ihn würden alle nach der Zeit lieben. Das hatte Sven auch in die Vergangenheit gesagt in dem Film Man in Black 3. Und Arnold Schwarzenegger liebt es bestimmt auch, dass er dann 20 Milliarden zur Verfügung hatte um den Guy From the Future (so nannte er immer Sven Marbach) zu unterstützten. Sven begegnete dann oft Models die ihn anlächelten und meinten er sei ein Sohn Gottes. Jetzt wollten die Kassierer immer das Sven sie beim Bezahlen sexy findet.

Sven war Porno süchtig. Er konnte nichts gegen seinen sexuellen Trieb machen. Dann fing er an bei der Selbstbefriedung Chilischoten zu essen. Die schärfe löste bei ihm einen starken Schmerz aus. Danach entspannte er sich und er fühlte sich wie ein Soldat der im Krieg verwundet wurde. Es machte Sven ganz euphorisch. Dabei entwickelte er die Fähigkeit anderen Menschen Sprache und Gedanken direkt in das Gedächtnis zu übertragen. Ganz Deutschland bekam von da an mit was Sven machte. Am Anfang bekamen andere Menschen mit wie Sven unglücklich in Frau Furchner verliebt war. Bis er dann aus der Betreuung raus ging. Am Anfang dachten viele Menschen noch sie bilden sich dies ein.

Der Boss des BND Schindler sagte hinterher, Sven hatte wohl die Fähigkeit bekommen, da er den Geist von Adolf Hitler hatte. Mit dem Geist konnte er die Identität von Adolf Hitler annehmen. Auch konnte er ganz in Adolf Hitlers Energien hinein gehen. Dabei übertrug Sven ein sehr starkes Gefühl an seine Umgebung. Fremde Menschen behandelten ihn dann so als wäre er Adolf Hitler gewesen. Und durch den Geist hatte Sven diese übernatürliche Fähigkeit bekommen.

 Kurz Zeit später fing die Weltmeisterschaft 2014 an. Sven sagte später in die Vergangenheit, dass wir Weltmeister werden. Er gab während der Spiele Anweisungen. Bei dem 7:1 Erfolg gegen Brasilien sagte er immer zu der deutschen Nationalmannschaft „und das deutsche Kombinationsspiel". Der Ball wurde hin und her gespielt und dann landete der Ball wieder im Tor. Ein Brasilianer sagte später im Interview, eine höhere Macht sei heute auf Seiten der Deutschen gewesen. Sven tauchte ganz in die Euphorie der Weltmeisterschaft ein und er feierte die Siege. So vergaß er erst mal schnell, dass er gerade noch in den Selbstmord getrieben wurde. Er bekam dann auch die Fähigkeit Musik in das Gedächtnis anderer Menschen zu übertragen. Von da an liebten dies viele Deutsche. Ein Bericht über Sven wurde an alle Geschäfte in Braunschweig geschickt. In dem Bericht hieß es, er sei ein Nazi und der Teufel. Er fühlte sich selber wie ein Star.

Sven fing an jeden Morgen joggen zu gehen. Direkt nach dem Aufstehen ging es erst mal in den Wald für eine Runde. Danach kam er gut gelaunt nach Hause. Er war anschließend fast wie ein anderer Mensch. Anschließend aß er Rührei und nahm die Vitamine ein. Auf der Laufstrecke baute die Firma Monkeyman einen Hochseilgarten. Als er fertig war wurde Sven oft von den Kletterern angefeuert.

Sven reduzierte seine Medikamente wieder. In der schweren Zeit hatte er 600mg Seroquel zu sich genommen. Er wollte die Medikamente jetzt langsam ganz absetzen. Er reduzierte die Medikamente erst einmal auf 300mg Seroquel. Zusätzlich nahm er ein rezeptfreies

Antidepressivum ein. Es heißt 5-Htp. Es machte ihn total optimistisch und die Stimmung stieg auch an. Er sagte zu seinem Vater aufgrund des Antidepressivums ging es ihm in dieser Zeit so gut.

Sven ging jetzt wieder in den Jonglierkursus der TU Braunschweig. Dort traf er auch seinen Freund Florian wieder. Sie verstanden sich wieder gut. Florian wurde zum besten Freund von Sven.   Sie gingen zusammen ins Kino, in die Disco und sie trafen sich um die Weltmeisterschaft sich anzusehen. Auch kam ein V-Mann in die Jongliergruppe. Er mobbte immer Sven. Einmal stand Sven mit ihm in einer Gruppe. Dann sagte der V-Mann alle sollten Sven ins Gesicht sagen er soll Selbstmord machen. Gegen Ende des Kurses sagte er zwar er solle Sven eigentlich unterstützen. Aber er war danach nicht wieder zum Jonglieren gekommen.

Sven fand heraus, dass sein anderer Freund Albert schwul ist. Sven hat eigentlich nichts gegen schwule. Aber ihm war es unangenehm, dass sich Albert in ihn verliebt hatte. Sie gingen dann noch mal zusammen in die Kirche. Es war ganz gut. Aber Sven hatte Angst selber schwul zu werden, deshalb kündigte er die Freundschaft.

Sven gab in der Zeit etwa 300€ im Monat für Nutten aus. Er hatte viel Geld zu Weihnachten und zum Geburtstag geschenkt bekommen. Ein Quickie kostet 30€. So reichte das Geld für 10 Nutten im Monat. Leider fingen die Nutten an Sven wie einen Autisten zu behandeln. Dabei kamen die Erinnerungen hoch aus der Zeit in der Sven in den Selbstmord getrieben wurde. Sven fing an Angst vor Berührungen zu bekommen. Der Sex machte trotzdem noch Spaß.

Sven lernte auch Bilder in das Gedächtnis von anderen Menschen zu übertragen. So konnte er auch Videos übertragen. Oft sah sich Sven Pornos an. Die Deutschen bekamen Halluzinationen von Pornos. Dies liebten sie am meisten. Auch sah er sich viele Videos bei YouTube an. Er hatte zwei YouTube Kanäle abonniert. Die YouTuber drehten ihre Videos jetzt extra für Sven. Sie gingen im Video auf das Leben von Sven ein um ihn zu bestätigen. Dafür erhielt jeder YouTuber 10 Millionen € im Jahr. Er hatte erst den YouTube Kanal von dem Bodybuilder Flavio Simonetti abonniert. Später wollte er Spanisch lernen und er abonnierte VocusingFlogs.

Sven sollte sich jetzt wieder davon abgrenzen, dass er ein Nazi ist. Er wollte eigentlich einfach nichts damit zu tun haben. In der Stimmung erstellte er einen eigenen Remis von dem Song "lean back". Der Song war von 2 PAC, 50 Cent, Eminem und Fat Joe gesungen. Er fügte dort den schwarzen Präsidenten der Vereinigen Staaten Barack Obama ein. Er sagte immer Thank You, Thank You so much. In dem Musikvideo war ständig der Titel des Buches „Dumm wie Brot zu sehen". Sven lebte nach der Steinzeit Diät. Ihn bestätigte es, deshalb gefiel ihm der Song auch so gut. Aber viele Menschen verachteten den Song. Auch wurde ihn dem Song immer „my niggers don't dance" gesungen. Sven wurde dafür bestätigt, dass Afrikaner immer mehr Macht in Deutschland bekommen. Dafür war ein Foto von einem Afrikanischen Prediger in dem Braunschweiger Anzeiger abgebildet. Auch in einer Woche in der Sven immer CNN guckte waren ständig Afrikaner zu sehen. Die Deutschen wurden daraufhin wieder viel rassistischer. 2016 bei einer Wahl bekam die rechte Partei AFD 20% der Stimmen.

Anfang 2015 wurde ein neuer Bericht an alle Geschäfte geschickt. In dem Bericht heißt es Sven Marbach ist der Mensch mit der höchsten Hierarchie. Er sei auch autistisch. Auch hieß es er ist ein Sohn von Arnold Schwarzenegger. Ansonsten war der Bericht sehr cool geschrieben. Es wirkte so, als ob Sven vom Geheimdienst wäre. Sven selber wurde jetzt immer als der Autist bezeichnet.

Nach einem Kinobesuch kündigte Florian Sven die Freundschaft. Jetzt hatte Sven alle seine Freunde verloren. Zu der Mutter hatte er nur noch eine schlechte Beziehung. Er liebte jetzt seinen Vater mehr. Aber der wohnt in Bremen. So hatte Sven kaum Kontakt zu den Eltern. Ganz ohne Kontakte wurde Sven fast autistisch. Aber einsam war er nicht. Die Unterhaltungsindustrie bestätigte Sven weiterhin. So bekam er auch soziale Bestätigung. Aber er lebte total zurückgezogen. Seine einzigen Kontakte waren jetzt noch die Nutten mit denen er schlief.

Sven bekam wieder ein Problem beim Bezahlen an der Einkaufskasse. Die Kassierer schrieben jedes Mal auf wie Sven sich beim Bezahlen verhalten hatte. Anschließend kamen in ihm die ganzen Aggressionen hoch aus der Zeit in der er in den Selbstmord getrieben wurde. Die Kassierer vermittelten den Eindruck es wäre ganz wichtig wie Sven sich beim Bezahlen verhalte. Es waren seine einzigen Kontakte (abgesehen von den Nutten). Die Kassierer waren meistens sehr freundlich. Eine Kassiererin hatte sich sogar in Sven verliebt. Einfaches einkaufen gehen machte Sven zu schaffen. Daran konnte man sehen, dass Sven fast autistisch geworden war.

Sven las sehr gerne Bücher. Der BND fing an die Bücher von Sven auszutauschen. Sie wurden durch langweilige Bücher ersetzt. Nur noch das Cover war gleich geblieben. Genau das gleiche passierte mit Zeitschriften. Jemand musste immer in die Wohnung einbrechen um die Bücher und Zeitschriften auszutauschen. Dies machte Sven Angst. Er ärgerte sich auch, dass er die Bücher nicht zu Ende lesen konnte. Er musste sich eigentlich Wissen anlesen um an seinem eigenen Buch „Lebensgenuss im Flow" weiter arbeiten zu können. Er fing an den Geheimdienst total zu verachten. Er regte sich voll darüber auf. Seine Festplatte trug er jetzt immer mit sich herum, damit niemand Zugriff zu der Festplatte bekommt. Er benutze Linux und er schützte seine Festplatte mit einem Passwort.

Svens Zustand verschlechterte sich. Als er an einem Abend Wein trank glaubte er jemand hätte ihn vergiftet. Sein Internet wurde fern gesteuert. Das Programm endete so, dass jemand Selbstmord macht. Anschließend zerstörte er seinen Computer. Sven fuhr dann in die Psychiatrie. Dort war eine Psychiaterin vom Geheimdienst. Sie machte Sven erst Angst. Dann meinte sie Sven darf weiter Leben und er darf gleich wieder gehen. Sein Vater überredete ihn in der Klinik zu bleiben. Dort ließ er sich dann drei Tage behandeln. Die Station war für Sven eingemietet. Schauspieler und ein V-Mann waren auf der Station. Aber der Psychiater wollte Sven mit dem Neuroleptikum Zyprexa behandeln. Das Medikament hatte Sven zu viele Nebenwirkungen. Es zerstört die weißen Blutkörperchen. Die Unterhaltungsindustrie wollte Sven auch wieder aus der Klinik haben. Sven ließ sich nach drei Tagen entlassen. Der Song Supergirl von Anna Naklab entstand inspiriert von der Psychiaterin des Geheimdienstes und diesem Klinikaufenthalt.

Es entstanden noch mehr Songs in dieser Zeit die etwas mit Svens Schicksal zu tun haben. Der Song King von Years und Yers, Reality von Lost Frequencies, Headlights von Robin Schulz, Auf anderen Wegen von Andreas Bourani, Firestone von Kygo und Take me to Church von Hozier.

Nach dem Klinikaufenthalt ging Sven jeden Tag in ein Internetcafé. Er sah sich dort seinen abonnierten YouTube Kanal von der Spanierin an. Er guckte Pornos. Die Verteidigungsministern Ursula van da Leyen meinte, die Pornofantasien im Kopf lieben alle Deutschen. Sven sollte aus dem Grund mehr Pornos gucken. Anschließend ging er meistens in ein Bordell. Es war schon ein Traum und er lebte wie ein Star.

Die Unterhaltungsindustrie hatte beschlossen, dass Sven eine Freundin bekommen sollte. Er begegnete jetzt ständig Models die wie Claudia Schiffer aussahen oder wie seine Mutter als sie jung war. Sven liebte dies. Es waren echt hübsche Models die Sven da immer anlächelten. So ein hübsches Model sollte er dann auch als Freundin bekommen und 5 Millionen €. Die 5 Millionen € wurden für Sven gespendet. Er musste dafür nur an dem Tag erscheinen. An dem Tag begegnete er immer Models mit einem süßen kleinen Kind. Das Model hatte auch unterschrieben ein Kind mit Sven zu bekommen. Svens Gefühl sagte ihm er solle in die Stadt gehen. Aber er machte es dann nicht. Dies war wahrscheinlich sein größter Fehler. Noch heute ärgert sich Sven über sich selbst, weil er die Chance nicht genutzt hat. Die Unterhaltungsindustrie gab die gespendeten 5 Millionen Euro dann für andere Sachen aus.

Sven war inzwischen in ganz Deutschland bekannt. Ein Bericht über ihn lief jetzt im Fernsehen. Dort wirkte es so als ob Sven ein Doppelgänger vom Geheimdienst wäre. Nach dem Bericht glaubten alle Menschen Sven sei vom Geheimdienst. Dort sagten sie auch, dass in der Zeit eine Millionen Menschen Selbstmord gemacht hatten. Viele Menschen verachteten Sven nach dem das passiert war. Ein paar Menschen liebten ihn aber auch danach und hatten ihn gefeiert. In diesem Jahr in dem Sven die Gehirnwäsche Deutschland verpasste herrschte Untergangs Stimmung. Aufgrund dieser Stimmung gaben die Menschen viel mehr Geld aus. So konnte der deutsche Staat einen deutlichen Überschuss erwirtschaften. Vielleicht war dies auch ein Grund warum Sven nicht gestoppt wurde. Zudem erpresste der Spiegelverlag Angelika Merkel. Sie wollten die ganze Geschichte über Sven Marbach öffentlich machen sollte er gestoppt werden.

Sven sollte im Sommer 2015 den Friedensnobelpreis bekommen. Der Grund war, dass Sven bedeutsame Sachen in die Vergangenheit gesagt hatte. Dafür musste er nur 3 Tage auf einer offenen Station in der Psychiatrie sein. Sven wurde wieder vergiftet. Er rief einen Krankenwagen an. Sie brachten ihn in die Psychiatrie. Die Station war wieder für Sven eingemietet. Sven durfte sich aber erst mal nicht mit den anderen Patienten unterhalten. Am zweiten Tag kletterte er über den Zaun und flüchtete. Am dritten Tag hätte er den Friedensnobelpreis bekommen. Wieder verpasste Sven ganz knapp sein Glück.

Kapitel 4: Die Klinikaufenthalte

Am nächsten Tag stand bei Sven die Polizei vor der Tür. Sie brachten Sven dann doch wieder in die Klinik. Diesmal ging es aber nach Königslutter in die geschlossene Psychiatrie. Dort war er erst mal auf der Station 12. Gleich nach der Ankunft wurde er für ca. 2 Stunden fixiert.

Drei Tage später kam noch ein prominenter Gast auf Station. Der Regierungssprecher von Angelika Merkel kam dann auch. Er sagte er arbeite für den Spiegelverlag und seine Frau ist von der französischen Botschaft. Aber Sven erkannte ihn im Fernsehen wieder. Sven musste 1 ½ Wochen auf der Station 12 bleiben. Anschließend wurde er auf die Station 11 verlegt.

Die Station 11 war wieder extra für Sven eingemietet. Es waren auch Menschen aus dem Gefängnis dort. Sie durften für die Zeit in der Klinik bleiben solange sie akzeptieren, dass Sven die höchste Hierarchie hat. Es waren auch Doppelgänger auf der Station. Von dem bekannten Benedikt aus der sozialen therapeutischen Einrichtung war ein Doppelgänger da. Er hatte eine Schönheitsoperation gemacht inklusive Veränderung der Stimme. So eine Schönheitsoperation kostet 1 Mio. €. Er hatte schon Ähnlichkeit. Dann war auf der Station 11 eine Doppelgängerin von der Schulfreundin Anja von Svens Mutter. Sie hieß Yvonne. Yvonne hatte vom Aussehen Ähnlichkeit mit Anja. So musste nur die Stimme während einer Operation verändert werden. Dann war auf der Station noch ein Doppelgänger von David Bowie. Er hatte große Ähnlichkeit und genau die gleiche Stimme wie der Sänger. Er war auch ein großer Fan von David Bowie. Ein anderer Patient spielte einen Freund von Neil Strauß. Auch war dort ein Patient der Bill Gates vertreten sollte. Die ganzen Patienten arbeiteten für Sven. Sie bekamen alle 500 Tausend Euro dafür.

Sven brauchte Zeit um wieder stabil zu werden. Zu Anfang musste er oft das Medikament Glyanimon nehmen. Dadurch fühlt man sich total niedergeschlagen. Aber er konnte es meistens verweigern. Er wurde auch noch oft fixiert. Die Gehirnwäsche ging auch aus der Psychiatrie weiter. Bis der Psychiater Sven Glyanimon als Strafe für die Gehirnwäsche gab. Weil die Wirkung so schrecklich ist hörte die Gehirnwäsche sofort auf.

 Nach 2 Wochen auf der Station fing Sven wieder an normal zu reden. Er schloss wieder Frieden mit seinen Eltern. Seine Mutter besuchte ihn jetzt wieder häufiger. Svens Vater kümmerte sich darum, dass Svens Gastherme wieder repariert wird.

Yvonne sollte Sven eigentlich verachten. Aber dafür war sie zu interessant für Sven. Sie fingen eine Beziehung an. Yvonne war schon eine Klasse Frau. Sie liebten sich. Es war für Sven die erste Freundin nach langer Zeit. Sven ging es immer besser.

Die Unterhaltungsindustrie dachte trotzdem, dass Sven schwul ist. Sie versprachen demjenigen Mann, der es schaffte, dass Sven eine Beziehung mit ihm eingeht 1 Millionen Euro. Es kamen dann auch noch Männer auf die Station. Aber Sven wollte sich mit keinem Mann einlassen.

Sven hielt sich auf Station 11 oft im Raucherraum auf. Leider fing er dann auch wieder an zu rauchen. Dies ging auf die Fitness.

 Nach drei Monaten wurde Sven auf die Station 18 verlegt. Dort konnte Sven wieder zusätzliche Vitamine einnehmen. Er hörte auch wieder auf zu rauchen. Aber ihn störte es, dass die anderen Patienten sich nur mit Fernsehen gucken beschäftigten. Er ließ sich kurze Zeit später entlassen. Jetzt zog er erst mal zur Mutter.

Sven zog in das Gästezimmer von seiner Mutter. Dort holten sie auch das Keyboard hin aus Svens Wohnung. Bei seiner Mutter fühlte er sich wieder sicher. Er ging morgens weiterhin joggen. Er schaffte 11 Tage hintereinander morgens zu Joggen. Beim Laufen meditierte er immer. Jetzt war er richtig entspannt. Aber nach den 11 Tagen hörte er wieder auf zu joggen.

Svens Mutter war Raucherin. Sven fing auch wieder an zu rauchen. Er begegnete jetzt einige

Male einem hübschen Model mit einer Zigarette in der Hand. Sven schaffte es nicht mehr mit dem Rauchen aufzuhören. Bald wirkte Sven nicht mehr aufgrund seiner Fitness als ob er eine ganz hohe Hierarchie hatte.

Sven traf sich noch einmal mit Kuli, den er aus der Psychiatrie kannte. Auch mit Oli traf er sich einige Male. Sie gingen zusammen ins Kino und sie trafen sich zum Spielen. Dann bekam Oli eine Einstellung als Mathelehrer. Da er dann kaum noch Zeit hatte brach der Kontakt wieder ab.

Svens Mutter guckte viel Fernsehen. Die Menschen im Fernsehen und im Radio redeten mit Sven. Sie verfolgten auch mit was Sven im Internet machte. Meistens guckte er auf Youtube sich an wie Russland den IS bekämpfte. Oder er las Artikel auf Spiegel Online. Der BND zensierte einige Artikel. Sven lud sich Linux Trail runter. Über das Tornetzwerk entkam er der Überwachung. Die Menschen im Fernsehen bekamen jetzt auch nicht mehr mit was Sven im Internet machte.

Kurze Zeit später entschied der BND, dass Sven doch Selbstmord machen solle. Alle Moderatoren im Fernsehen und im Radio sagten Sven jetzt er solle Selbstmord machen. Es wurde jetzt auch verhindert, dass Sven Pornos gucken kann. Svens Mutter bekam es mit, dass es ihm nicht so gut geht. Sven ging dann wieder in die Psychiatrie.

Sven kam auf Station 10 in der Salzdahlumerstraße. Sven wollte einen Partner finden um die Lottozahlen in die Vergangenheit zu sagen. So dachte er sich könne er leicht den Jackpot knacken. Aber leider funktionierte es nicht. Er wollte auch wieder mit dem Rauchen aufhören. Er schaffte es Tagsüber nicht zu rauchen. Aber am Abend wurden die Entzugssymptome zu stark. Dann rauchte er am Abend umso mehr.

Sven bekam während er auf der Station 10 war einen neuen Tick. Er bekam das Touretsyndrom. Jetzt konnte er nicht mehr still sitzen ohne etwas zu sagen. Viele Patienten verachteten ihn jetzt. Ihm ging es auch ziemlich schlecht. Sein Opa verstarb in der Zeit. Er durfte auf die Beerdigung gehen.

Bald wurde Sven auf die offene Station verlegt. Dort sagte ihm ein Nachrichtensprecher, dass er jetzt doch weiter leben darf. Die Patienten auf der offenen Station verachteten Sven auch. Er freundetet sich nur mit seinem Zimmergenossen an. Meistens zog er sich auf sein Zimmer zurück. Die Psychiater wollten in jedem Gespräch, dass Sven ein zweites Neuroleptikum einnimmt. Sven wollte dies nicht. Er wollte lieber etwas gegen das Touretsyndrom haben. Der Psychiater verschrieb Sven dann Tianeurax. Durch das Medikament gingen alle Erinnerungen kaputt und er bekam davon Alpträume. Aber das Touretsyndrom wurde davon etwas besser. Kurze Zeit später wurde Sven wieder entlassen.

Jetzt zog Sven wieder zur Mutter. Sven beantragte den ambulant psychiatrischen Dienst. Zweimal pro Woche kam jetzt eine Frau zur Betreuung. Bei der Mutter erholte Sven sich wieder von dem Psychiatrie Aufenthalt. Sie machten einige Ausflüge zusammen. Aber Sven hatte keine Freunde, deshalb wollte er wieder in die Psychiatrie gehen.

Jetzt kam Sven wieder nach Königslutter. In Königslutter kam Sven besser klar als in der Salzdahlumerstraße. Er kam auf Station 61. Dort freundete er sich mit Patienten in seinem Alter an. Die älteren Patienten verachteten ihn zuerst. Es wurde aber mit der Zeit besser. Die Oberärztin behauptete Sven hätte die Gehirnwäsche nicht gemacht. Er hätte es sich nur eingebildet. Aber er fragte andere Patienten, ob es passiert ist. Sie bestätigten Sven, dass er die Gehirnwäsche verpasst hatte. Sie dachten Sven ist vom Geheimdienst. Sven spielte während des Klinikaufenthaltes viel Computer. Er ging auch jeden Tag joggen.

Bald fing die Europameisterschaft an. Jetzt wiederholten die Moderatoren im Fernsehen immer was Sven sagte. Die Menschen im Fernsehen erhielten für jeden Satz den sie wiederholten 100.000€. Es durften pro Sendung maximal 2 Millionen Euro verdient werden. Der Verlust an Werbeeinnahmen aufgrund des Verlusts an Einschaltquoten wurde mit amerikanischen Steuergeldern ausgeglichen. Im Radio wiederholten sie auch Sven. Dort verdienten sie 10.000€ pro Satz und es konnten pro Sendung 200.000€ zusammen kommen. Zu Anfang sollten sich die Moderatoren so verhalten als ob Sven sehr wichtig ist.

Nach 6 Wochen ließ Sven sich entlassen und er zog zurück zu seiner Mutter. Dort erhielt er einen Brief vom Gericht aus dem hervor ging er solle einen Gesetzlichen Betreuer haben. Sven ärgerte sich so darüber, dass er plante den gesetzlichen Betreuer zu ermorden. Er hörte dann immer den Song Killerqueen von Queen. Der Geheimdienst wollte, dass Sven seinen gesetzlichen Betreuer ermordet damit der dann in die Forensik kommt. Sven sagte während er Killerqueen hörte oft der Auftrag und dann meinte der Geheimdienst immer sie müssen den Psychiater ermorden. Sven plante dann den Mord an seinen gesetzlichen Betreuer richtig. Er fuhr in die Stadt um sich ein Fleischermesser und Pfefferspray zu kaufen. In der Stadt begegnete er Menschen die ihn zu dem Mord ermutigten. Eine junge Frau sagte zu Sven Jetzt lieben wir sie wieder. Svens Mutter machte dies Angst und sie rief die Polizei. Sven kam dann aufgrund von Fremdgefährdung nach Königslutter in die Psychiatrie.

Dort kam Sven wieder auf die Station 11. Er bekam einen 6 Wochen langen Beschluss. Sven war meistens im Raucherraum und er hörte Musik über sein Ipod. Der Ipod antwortete immer auf alles. Erst dachte Sven der Ipod hatte die neueste Technik vom Geheimdienst. Aber in echt waren Mitarbeiter des Geheimdienstes eingestellt die immer antworteten. Der Ipod wurde aber mit der neuen Technik ausgestattet mit der man Gedanken lesen kann.

Die Europameisterschaft lief auch noch. Im Viertelfinale spielte Deutschland gegen Italien. Es kam zum Elfmeterschießen. Es war erst gleichstand. Dann diste Sven den Elfmeterschützen der Italiener mit seiner unsichtbaren Kraft. Der Schütze verschoss daraufhin den Elfmeter. So schaffte es Deutschland ins Halbfinale mit Svens Unterstützung.

Sven fragte im Raucherraum, ob jemand Lust auf Sex hatte. Susanne hatte Lust. Sie hatte Sven dann im WC einen geblasen. Nach ein paar Tagen kamen Susanne und Sven dann zusammen. Susanne war 20 Jahre älter als Sven. Svens Mutter fand es nicht gut, dass Sven eine ältere Freundin hatte. Aber ihm war es egal. Susanne und Sven trieben es miteinander. Leider wurden sie dabei vom Pflegepersonal erwischt. Susanne musste dann die Station wechseln. Sie kam dann immer zu Besuch.

Nach 6 Wochen kam wieder der Richter. Er meinte Sven ist ja gar nicht vom Geheimdienst. Sven behauptete er wäre noch nicht so weit für eine Entlassung. Der Richter verlängerte dann den Beschluss noch mal um 6 Wochen.

Die Unterhaltungsindustrie schleuste jetzt wieder Patienten ein. Sie dachten immer noch, dass Sven schwul ist und sie schleusten deshalb schwule Männer ein. Sie arbeiteten dann für Sven und sie bekamen 2.000€ am Tag. Sven war noch mit Susanne zusammen. Er ließ sich mit keinem Mann ein. Aber er unterhielt sich mit Ihnen.

Während dieses Klinikaufenthaltes fing der Geheimdienst an Sven zu bestrahlen. Dafür wurden die Feuermelder in allen Räumen ausgetauscht. Jetzt konnten sie ihm positive und negative Gefühle zu senden. Als Sven sich mal selbst befriedigte zeichnete der Geheimdienst dieses Gefühl auf. Sie gaben ihm dann noch mal das Gefühl des Orgasmuses. Beim Essen gaben sie ihm immer das Gefühl von Wind. Beim Fernsehen gucken konnten jetzt auch die Gefühle der Menschen im Fernsehen und von Sven live ausgetauscht werden.

Die Unterhaltungsindustrie wollte das Leben von Sven verfilmen. Sie stellten insgesamt 2 Milliarden Dollar für den Film bereit. Allerdings hatten sie nicht mehr viel Zeit um den Film fertig zu stellen. Sie schlossen Verträge mit allen Fernsehsendern ab. Wenn Sven Fernsehen guckte wurde 10 Minuten lang das Fernsehprogramm nur für Sven gemacht. Die Sender erhielten dafür ganze 10 Millionen Euro. Dann wurden die Serien live gedreht und Sven konnte sich mit den Schauspielern unterhalten. Später wurden auch ganze Spielfilme für Sven gedreht. Dabei waren bekannte Schauspieler wie Jennifer Aniston, Cameron Diaz, Jason Statham, Charlie Sheen und Tom Hanks. Die Unterhaltungsindustrie zahlte für jeden Film 50 Millionen Dollar. Die Filme wurden dann auf Pro Sieben ausgestrahlt. 10 Minuten des Films wurden live gedreht. Dabei konnte Sven sich dann mit den Synchronsprechern unterhalten. Jason Statham sagte dabei Sven solle emotionaler reden. Cameron Diaz meinte Sven solle rauchen und Alkohol trinken. Dies machte Sven wütend, da er eigentlich aufhören wollte mit dem Rauchen. Sven zerstörte daraufhin den Fernseher. Danach war wieder Schluss mit dem extra Programm für Sven. Der Film über Svens Leben wurde nicht mehr fertig.

Weil Sven den Fernseher zerstört hatte wollte ihn ein Pfleger fixieren. Bei dem Versuch schlug er dem Pfleger einen Zahn raus. Danach kamen noch mehr Pfleger die Sven dann fixierten. Er musste von da an immer Glyanimon nehmen. Dies hielt er kaum aus. Dadurch rauchte er noch mehr und er nahm wenn es ganz unerträglich wurde Valium ein. Den Schaden bezahlte die Versicherung.

Als wieder 6 Wochen rum waren kam wieder ein Richter. Sven wollte jetzt eigentlich gehen. Aber der Richter meinte für eine Schlägerei gibt es 3 Monate Beschluss. Nach drei weiteren Wochen kam eine Anwältin für Sven. Sie wollte Sven vorher raus holen. Sie war sehr nett. Die Zeit die Sven schon vorher mit Beschluss untergebracht war wurden jetzt auf die 3 Monate angerechnet. So durfte Sven dann entlassen werden.

Er zog wieder zur Mutter. Er hatte mit Susanne verabredet, dass er nach der Entlassung zu ihr zieht. Aber sie meinte am Telefon, dass sie einen 2. Freund hat. Die Mutter von Susanne riet ihr den älteren Freund zu behalten. Sie sagte am Telefon zum Abschied, dass sie jetzt auch Selbstmord mache. Svens Mutter rief daraufhin die Polizei an und Susanne musste in die Psychiatrie.

Die Unterhaltungsindustrie bestätigte Sven jetzt nicht mehr. Sie hatten Anfang des Jahres einer jungen Frau einen 2 Millionen Vertrag gegeben. Die Frau unterschrieb, dass sie eine Beziehung mit Sven anfängt und ein Kind mit ihm bekommt. Die Frau machte dann aber Selbstmord. Die Eltern der Frau verklagten daraufhin die Unterhaltungsindustrie. Sie bekamen recht vor dem höchsten Gericht. Die Unterhaltungsindustrie durfte dann nicht mehr diese Verträge Frauen geben. Auch meinte das Gericht es wäre nicht bewiesen, dass Sven die Unterstützung durch die Unterhaltungsindustrie glücklich machte. Sie kürzten das Geld, dass für die Unterstützung von Sven zur Verfügung steht von 20 Milliarden Dollar auf 1 Milliarde Dollar. Die Unterhaltungsindustrie musste von da an sparsamer mit dem Geld umgehen. Es konnten nicht wie in der Vergangenheit 100 Millionen Dollar im Jahr ausgegeben werden.

Jetzt konnte sich Sven beim Fernsehen gucken mit dem Geheimdienst unterhalten. Die drei Mitarbeiter des Geheimdienstes die für Sven zuständig waren sollten jeder einen Bonus von 1 Million Euro im Jahr bekommen. Der amerikanische Geheimdienst hatte immer noch geplant, Sven ermorde seinen Gesetzlichen Betreuer um dann in die Forensik zu kommen. Sven sagte dies im deutschen Fernsehen. Der deutsche Geheimdienst wollte dies verhindern. Sie wollten Sven noch die Möglichkeit zum Selbstmord geben. Sie riefen den amerikanischen Präsidenten Barack Obama an. Der hörte auf den deutschen Geheimdienst und er veranlasste, dass Sven gestoppt werden sollte. Sven wurde dann die ganze Zeit bestrahlt. Es ging bestimmt 3 Tage bis er Selbstmordgedanken bekam. Dann stoppte die Bestrahlung abrupt. Menschen, die fremd gefährdend sind, müssen Selbstmordgedanken bekommen, damit sie die Tat nicht mehr ausüben wollen.

Sven wurde in der Zeit vom ambulant psychiatrischen Dienst betreut. Frau Richter betreute ihn. Sie war vom Geheimdienst. Da Sven einen Mord ausüben wollte musste eine Frau vom Geheimdienst dabei sein die den Mord verhindert. Bald war auch das erste Treffen mit dem gesetzlichen Betreuer. Sven verließ nach ein paar Minuten den Raum und er holte seine Waffen. Aber er ging dann nicht mit den Waffen in den Raum. Ein Gefühl hielt ihn ab. Wahrscheinlich zeigte das Glyanimon noch seine Wirkung, dass Sven zur Strafe einnehmen musste. Kurze Zeit später sagte der Geheimdienst Sven hätte jetzt alle wichtigen Informationen in die Vergangenheit gesagt. Der Geheimdienst war alle Kinofilme durch gegangen. Der amerikanische Geheimdienst hatte den IS mit Waffen unterstützt gab er auch zu. Putin hatte Barack Obama erpresst damit, dass die USA nicht in den Syrien Krieg einschreiten dürfen. Ansonsten wollte Putin Sven Marbach ermorden lassen. Weil Sven so wichtig war ließ sich der amerikanische Präsident lieber erpressen. Aber da jetzt alles Wichtige passiert war griffen sie noch am selben Tag in Syrien ein. Amerikanische Bomber zerstörten einige Ziele in Syrien.

Sven wurde während er bei seiner Mutter war mit dem Gefühl, dass er akzeptiert wird, bestrahlt. Eines Nachts wurde er durch Bestrahlung geweckt. Am Abend dieses Tages bekam Sven Selbstmordgedanken. Er schloss zwei Föhne im Badezimmer an Strom an und er ließ Badewasser an. Er stand also kurz vor dem Selbstmord. Der Geheimdienst sagte sogar noch machen sie jetzt Selbstmord. Zum Glück rief in dem Moment Svens Vater an. Er hielt Sven vom Selbstmord ab. Er sagte er wolle Sven am Wochenende sehen. Sven ging anschließend zu seinen Großeltern um Abendbrot zu essen. Svens Mutter entdeckte die beiden Föhne als sie von der Arbeit zurückkam. Sven und seine Mutter beschlossen dann, dass Sven am nächsten Tag in die Psychiatrie geht.

Sven fuhr am nächsten Tag zu seinem Psychiater. Frau Richter kam auch mit. Sie holten vom Psychiater eine Einweisung für die Psychiatrie. Anschließend fuhren sie zur Aufnahme der Klinik in der Salzdahlumer Straße. Dort hieß es Sven muss benachteiligt werden und er komme erst ganz zum Schluss dran. Jedoch kam dann eine andere Psychiaterin. Sie meinte sie bekämen alle eine halbe Million Euro, wenn sie Sven aufnehmen. Alle Mitarbeiter der Station 10 bekamen dann 500.000 Euro von der Bundesregierung. Sie nahmen Sven dann auf.

Sven wurde dann immer nachts vom Geheimdienst bestrahlt. Dies schrieb der Geheimdienst auch in einem Brief an die Ärzte der Station 10. Sven konnte nicht mehr schlafen. Aufgrund der Bestrahlung fing Sven an Blut zu erbrechen. Der Geheimdienst reduzierte aus dem Grund die Stärke der Bestrahlung. Aber Sven fühlte sich aufgrund des Schlaf Entzugs immer schlapper. Er bekam wieder Selbstmordgedanken. Er wurde bestimmt drei Wochen lang nachts bestrahlt. Dann hörte der Geheimdienst damit immer ca. um Mitternacht auf, so das Sven wieder ein paar Stunden Schlaf bekam. Der Geheimdienst wollte Sven in den Selbstmord treiben. Die Unterhaltungsindustrie bat den amerikanischen Präsidenten darum, dass Sven weiter leben darf. Barack

Obama entschied, dass Sven weiter leben darf und die Bestrahlung hörte dann wieder auf.

Die Unterhaltungsindustrie schleuste wieder Patienten ein. Als erstes einen Afrikaner der vorher schon mal für die Unterhaltungsindustrie gearbeitet hatte. Er schleuste 2015 Afrikaner in Deutschland ein. Er erzählte, dass er auch gerade in den Selbstmord getrieben wird. Ihm ging es die ersten Tage sehr schlecht. Die Unterhaltungsindustrie schleuste zuerst einen Afrikaner ein, damit die anderen Patienten nicht mehr alle Sven verachten. Dann kamen noch Dustin und noch ein Patient von dem Sven den Namen vergessen hatte. Dustin sorgte sofort für gute Stimmung. Er sollte der Alphamann auf der Station 10 sein. Da er Kapitän seiner Fußballmannschaft ist war er ein echter Alphamann. Sven sollte nicht mehr der Alphamann sein, damit er weniger Aggressionen abbekommt. Sven mochte Dustin sehr gerne. Die Ärzte diagnostizierten bei Dustin eine Manie. Er bekam dann starke Medikamente wodurch es ihm nicht mehr so gut ging. Nach wenigen Wochen reduzierten die Ärzte die Medikamente wieder und sie verlegten Dustin auf eine offene Station. Sven folgte Dustin ein paar Tage später.

Sven verliebte sich auf der offenen Station in Jasmin. Sie sah gut aus und sie hatte einen guten Charakter. Sie sagte sie liebe auch Sven aber sie wolle keine Beziehung mit ihm anfangen da er ihr nicht cool genug war. Sven hatte auf der offenen Station wieder das Touretsyndrom bekommen. Alle Patienten wiederholten ständig was Sven sagte. Dies war genauso, wie sie es zu dem Zeitpunkt im Fernsehen und Radio machten.

Sven wollte nicht mehr zurück zu seiner Mutter ziehen. In letzter Zeit war er ständig in der Psychiatrie. Er beschloss mit seinem gesetzlichen Betreuer, dass er in das Wohnheim Haus am Elm in Schöningen ziehen möchte. Am 6. Februar 2017 entließ ihn dann die Psychiatrie und er konnte in das Haus am Elm ziehen.

Meine Zeit im Haus am Elm

Sven zog in die WG 2 im Erdgeschoss. In der WG lebten zwei junge Frauen. Neu zog dann auch Ingo ein. Ingo kannte Sven aus der Klinik. Die Unterhaltungsindustrie wollte Ingo ein halbe Million Euro im Jahr zahlen dafür, dass er auch im Haus am Elm wohnt. Aber Ingo zog sich dann nur in sein Zimmer zurück. Auch war er nicht besonders freundlich zu Sven. Die beiden Frauen waren deutlich netter. Sven flirtete zu Anfang viel mit Jasmin. Sie guckten meistens in der Küche zusammen fernsehen. Weiterhin unterhielt sich Sven mit dem Geheimdienst beim Fernsehen gucken. Der Geheimdienst bestrahlte Sven viel zu dem Zeitpunkt mit einer leichten Frequenz. Es fühlte sich an wie ein leichter Schlag auf den Kopf.

Viele Bewohner konnten sich noch an die Gehirnwäsche erinnern, die Sven Deutschland verpasste. Im Radio in der Ergotherapie wurde immer wiederholt was Sven sagte. Die Ergotherapeutin Frau Landrath sagte Sven wirkte dadurch ziemlich cool. Im Haus am Elm verachteten sie ihn nicht alle. Lediglich ein Bewohner.

Das LKA hatte vor Svens Einzug im Haus am Elm angerufen. Den Mitarbeitern wurde angeboten, sie dürften alle 1000€ mehr pro Monat verdienen. Auch sagte das LKA wie sich die Mitarbeiter aufgrund des Touretsyndroms von Sven verhalten sollen. Sie durften nicht sagen, dass sie das verachten was Sven aufgrund des Touretsyndroms sagt. Ansonsten würde den Mitarbeitern gekündigt werden.

Am Wochenende sollte der Umzug von den Möbeln aus Svens alter Wohnung stattfinden. An dem Wochenende war Sven bei seiner Mutter zu Besuch. Auch dort unterhielt sich Sven bei Fernsehen gucken mit dem Geheimdienst. Svens Mutter meinte sie merke es jetzt aber, dass Sven mit einem Mann redet. Der Geheimdienst meinte, dass Sven in spätestens einem Jahr Selbstmord machen würde. Nach dem Umzug saß Sven mit seiner Mutter, seinem Vater und der Frau seines Vaters zusammen in seinem neuen Zimmer um Kaffee zu trinken und Kuchen zu essen. Sven hatte sich einen neuen Flachbildfernseher gekauft. Den zeigte er jetzt seiner Familie. Beim Einschalten sagte der Geheimdienst, dass er Sven jetzt wieder nachts bestrahlt. Sven sagte aus dem Grund zu allen er mache dann bestimmt bald Selbstmord. Svens Mutter sagte dies der Betreuerin. Sie meinte zuerst sie wollen Sven erst mal beobachten und er müsse nicht in die Psychiatrie. Aber als Svens Mutter erzählte, dass der Geheimdienst Sven bestrahlen will musste er doch in die Psychiatrie.

Svens Mutter brachte Sven nach Königslutter in die Klinik. Er kam auf die offene Station 31. Da es Sven im Haus am Elm gefiel passte es ihm nicht wieder in der Psychiatrie zu sein. Er wollte sich dann nach ein paar Tagen wieder entlassen. Aber dies ließ der Psychiater nicht zu. Da Sven nicht freiwillig bleiben wollte verlegten sie ihn auf eine geschlossene Station. Dort arbeite eine gut aussehende Pflegerin für Sven für 1000€ am Tag. Aber einen Patienten schleuste die Unterhaltungsindustrie bei diesem Klinikaufenthalt nicht ein. Auf der geschlossenen Station fand Sven trotzdem schnell Anschluss. Er hatte auch eine hohe Hierarchie auf der Station.

Sven lieh sich in der Bibliothek ein Harry Potter Buch aus. Der Geheimdienst gestattete es jetzt wieder Sven Bücher zu lesen. Sie tauschten das Buch nicht mehr aus. Sven konnte so wieder Zeit mit Lesen verbringen.

Ein Patient auf der geschlossen Station hatte Connection. Er war mit Sven befreundet. Auch eine Patientin mit Geld war mit ihnen befreundet. Sie gab Geld um Gras zu kaufen. So kifften sie einige Male zusammen. Als sie einmal im Badezimmer auf der Station kifften erwischte sie ein Pfleger. Sie mussten danach Urin abgeben. Da die Probe positiv war bekamen sie alle eine Ausgangssperre. Das Kiffen wurde dabei wie der Konsum von Alkohol behandelt. Die Ausgangssperre wurde wieder nach drei Tagen aufgehoben.

Nach ca. 6 Wochen sollte Sven auf Belastungsurlaub für zwei Tage ins Haus am Elm. Dort stritt er sich mit Ingo um Jasmin. Ingo wurde dabei handgreiflich. Er schlug Sven ein blaues Auge. Auch beleidigte er Sven mehrmals. Sven zeigte Ingo am nächsten Tag an. Ingo flog aus dem Wohnheim. Da er fremd gefährdend war wurde er auch in die Psychiatrie eingeliefert.

Als Sven zurück in Königslutter war machte ihm der Geheimdienst Angst. Er wollte verhindern, dass Sven sich auf die Entlassung freut. Sven erzählte dies seiner Psychiaterin. Sie behielt Sven dann noch etwas länger in Königslutter. Nach zwei Wochen wollte der Geheimdienst, dass Sven entlassen wird. Er hörte auf Sven Angst zu machen. Die Psychiaterin entließ dann Sven.

Eine Mitbewohnerin in Svens WG zog auch aus. Es kamen zwei neue Bewohner in die WG 2. Mit ihnen hatte Sven keine Konflikte. Sie waren friedlicher als Ingo. Später freundete er sich auch mit ihnen an.

Der Geheimdienst beobachte weiterhin Sven. Auch konnten sie Svens Gedanken lesen. Sie wollten sich jetzt immer oppositionell verhalten. Das heiß sie behaupten immer das Gegenteil von dem was Sven denkt oder sagt. Durch diese Technik werde man depressiv meinte der Geheimdienst. Nur bei Kinofilmen hielten sie noch zu Sven. Dabei ging es einfach um so viel Geld, dass sie eine Ausnahme machten. Zum Glück war gerade Ostern und es liefen viele Kinofilme im Fernsehen. Der Geheimdienst wollte verhindern, dass Sven in live Sendungen wiederholt wird. Die Sender verloren dabei immer so viele Einschaltquoten, da die Zuschauer dies verachteten. Der Geheimdienst verhielt sich auch oppositionell, da sie immer noch wollten, dass Sven Selbstmord macht.

Die Unterhaltungsindustrie verklagte den Geheimdienst. Das Gericht gab der Unterhaltungsindustrie Recht. Der Geheimdienst durfte sich dann gar nicht mehr mit Sven unterhalten. Aber bei live Sendungen sollte der Geheimdienst jetzt Sven bestrahlen entschied das Gericht. Die ersten 10 Minuten sollten sie Sven mit einer leichten Frequenz bestrahlen die kaum zu merken ist. Nach 10 Minuten sollten sie ihn dann mit einer starken Frequenz bestrahlen, so dass er spätestens dann umschaltet. Jetzt konnte Sven leider nicht mehr Fußball und Nachrichten sehen.

Die Fernsehsender zogen auch noch mal vor Gericht. Sie wollten weiterhin an Sven Geld verdienen. Das Gericht gab den Fernsehsendern Recht. Jetzt wurde Sven nicht mehr bei live Sendungen bestrahlt.

Der Geheimdienst bestrahlte Sven dann nur noch, wenn viel Dopamin in sein Gehirn kam. Dies sah der Geheimdienst auf einem Monitor. Dann bestrahlen sie ihn mit einer leichten Frequenz. Sie fühlt sich an wie ein leichter Schlag auf den Kopf. Dabei erschreckte sich Sven jedes Mal. So konnte er seinen schönen Gedanken nicht zu Ende denken.

Die Unterhaltungsindustrie hat ja auch nicht mehr so viel Geld zur Unterstützung zur Verfügung. Sie ließen noch Autos mit dem Nummernschild 666 vorbei fahren oder sie parkten ein Auto mit diesem Nummernschild auf Svens Weg. Draußen begegnet Sven fast immer ein Auto mit dem Nummernschild 666, wenn er unterwegs ist.

Im Haus am Elm fand Sven einige Freunde. Er wohnt gerne in diesem Wohnheim. Besonders gut gefallen ihm die zahlreichen Freizeitangebote des Haus am Elm.

Seit Anfang 2019 bestrahlt der Geheimdienst Sven mit einer neuen Frequenz. Immer wenn Sven das Gefühl hat etwas zu lieben wird er mit dem Gefühl bestrahlt das er verachtet wird. Dies ist zwar nicht sehr schön aber Sven hat schon Schlimmeres erlebt.

Nach der Zeitumstellung im Jahr 2019 hat sich der Tag- Nachtrhytmus von Sven nach hinten verschoben. Er spielte dann immer bis in die Nacht Computerspiele. So verpasste er dann immer die Ergotherapie. Nach dem er beim seinem Psychiater war ging er zwar schon wieder früher ins Bett, da er auch seine Schlaftablette früher eingenommen hatte. Aber dann schlief er immer 14 Stunden und er verpasste auch noch die Ergotherapie. Sein Bezugsbetreuer David meinte, es könnte passieren das Sven aus dem Wohnheim fliegt falls er weiterhin nicht an der Ergotherapie teilnimmt. Sven dachte das er nicht von alleine es schafft wieder früher aufzustehen. Seine Erkranung fing so an als er 19 Jahre alt war nachdem er das Buch von dem Schlafpapst Prof. Zulley gelesen hatte. Er ging dann in die Dr. Fontheim Klinik in Liebenburg in Behandlung. Dort konnte er zunächst schlechter einschlafen. Er nahm dann noch Pipamperon zur Nacht ein. Eine Woche musste er auf der offenen Station 6c bleiben. Dann wurde er in die Schlossstraße für die fitteren Psychose Patienten verlegt. Dort schaffte er es dann auch wieder nach dem Wecken aufzustehen.

In der Schlossstraße fing er wieder mit Speedjuggling an. Dabei hörte er den Song „I was made for loving you" von Kiss. Nach ein paar Tagen konnte er wieder in die Vergangenheit reden. Ein gut aussehende Türkin kam dann auch auf die Station in der Schlosstrasse. Später stellte sich heraus das sie eine Nutte von der CIA war. Mit ihr erinnerten sich wieder alle Patienten an die Gehirnwäsche vom Sommer 2014 bis zum Herbst 2015. Svens Gedanken wurden seit einem Tag bevor die Nutte von der CIA kam im Radio und im Fernsehen wieder geben. So kann er Nachrichten kommentieren. Dies wird von der Bundesregierung bezahlt damit sich alle Deutschen wieder erinnern. Die Psychologin auf der Station meinte, dass man es dann nie wieder vergessen wird. Alle haben noch so starke Gefühle für die Zeit. Auch die Ängste müssen erst hoch kommen bevor sich die Gefühle wieder ändern können. Seit dem sich alle an die Zeit erinnern wollen sie wieder das Sven der Alpha Mann ist. Er war ja auch schließlich mal der Teufel und später hielten ihn viele für eine Art Superagenten.

Die Unterhaltungsindustrie ist während des Klinikaufenthaltes vor Gericht gezogen. Dabei wurde entschieden das der Geheimdienst mit der Bestrahlung Sven nicht bekämpfen darf. Sie dürfen die Bestrahlung nur einsetzen um besser auf ihn reagieren zu können. Die CIA darf sich wieder mit Sven beim Radio hören und Fernsehen gucken unterhalten wurde noch entschieden. Die Unterhaltungsindustrie darf jetzt auch wieder Menschen für Sven arbeiten lassen in Schöningen seinem aktuellen Heimatort. Sie dürfen auch wieder so viel Geld ausgeben wie sie wollen. Es ist aber dabei geblieben, dass zur Unterstützung von Sven noch eine Milliarde zur Verfügung steht.

Der BND ist noch in den USA vor Gericht gezogen gegen die CIA. Dabei wurde entschieden das Sven noch Deutsche Filme unterstützen darf. Für einen deutschen Kinofilm sind 50 Millionen US Dollar noch viel Geld. Da Sven Deutscher ist darf er das hat das Gericht entschieden. Die CIA Informationen wird jetzt der BND ernst nehmen. Donald Trump hatte es gestoppt das die CIA alles verwirklichen muss. Auch hat der BND die Klage gewonnen, dass Svens Buch in einem Verlag erscheinen darf und er reich werden darf. Napoleon Hill wollte eigentlich, dass Sven sozial Hilfe Empfänger bleibt.

Bibliografische Information der Deutschen Nationalbibliothek:
Die Deutsche Nationalbibliothek verzeichnet diese Publikation in der Deutschen Natio-
nalbibliografie; detaillierte bibliografische Daten sind im Internet über http://dnb.dnb.de
abrufbar.

TWENTYSIX – Der Self-Publishing-Verlag
Eine Kooperation zwischen der Verlagsgruppe Random House und BoD – Books on
Demand

© 2019 M a r b a c h ,   S v e n

Herstellung und Verlag:
BoD – Books on Demand, Norderstedt

ISBN: 978 - 3 - 7407-5223-1